전도학 교수 민경설 목사의
전도동력 리포트

전도학 교수 민경설 목사의

전도동력 리포트

●

민경설 지음

도서출판 횃불

머리말

전도는 인간의 힘이나 방법으로만 할 수 없습니다.
전도는 하나님의 은혜에 빠져 동력을 받은 자만 할 수 있습니다.
전도동력은 불같은 하나님의 은혜와 사랑에 뿌리를 두고 있습니다.

교회성장은

세계적인 교회 성장학자인 도널드 A. 맥가브란(DONALD A. MACGAVRAN) 교수는 말하기를 "교회 성장은 구원의 확신을 가진 자로부터 출발한다"고 했습니다. 그 구원의 확신은 하나님의 무한하신 사랑과 은혜에 뿌리를 두고 있습니다. 즉 하나님의 사랑을 체험한 만큼 구원의 확신이 오고, 그 은혜의 복음은 전할 수 있는 힘, 즉 전도동력으로 임하는 것입니다.

"이러므로 내가 네게 말하노니 저의 많은 죄가 사하여졌도다 이는 저의 사랑함이 많음이라 사함을 받은 일이 적은 자는 적게 사랑하느니라"(눅 7:47).

"우리가 만일 미쳤어도 하나님을 위한 것이요 만일 정신이 온전하여도 너희를 위한 것이니 그리스도의 사랑이 우리를 강권하시는도다 우리가 생각건대 한 사람이 모든 사람을 대신하여 죽었은즉 모든 사람이 죽은 것이라"(고후 5:13-14).

전도동력은

전도는 인간의 힘이나 방법만으로는 할 수 없습니다.
전도는 원리를 알아야 되며 성령의 도움으로 전도자의 영성(Evangelism

Spirituality)이 열려야 됩니다. 그럴 때 전도를 행할 수 있는 힘인 전도동력이 임하게 됩니다. 전도동력이 임하면 어떤 장벽과 어려움 속에서도 전도가 이루어집니다. 그러므로 전도는 인간이 행한다기보다는 하나님에 의하여 되어지는 것입니다.

> "사도들은 그 이름을 위하여 능욕받는 일에 합당한 자로 여기심을 기뻐하면서 공회 앞을 떠나니라 저희가 날마다 성전에 있든지 집에 있든지 예수는 그리스도라 가르치기와 전도하기를 쉬지 아니하니라"(행 5:41-42).

전도동력 리포트

이 책은 그 동안 저자가 전국목회자 및 전도동력 세미나를 통하여, 또 광진교회를 섬기면서 행하고 체험했던 하나님의 은혜와 사랑의 보고서이자 메시지입니다. 이미 1만 명 이상의 전도 사역자들이 전도동력 훈련을 받았습니다.

이 책에는 전도동력이 전도자들에게 어떻게 임할 수 있는가를 단계적으로 제시하고 있습니다. 이미 출간된 본인의 저서 「전도의 다이나믹 파워(*Evangelism Dynamic Power*)」와 같이 읽는다면 여러분 중 누구라도 뜨거운 하나님의 은혜와 전도의 새 힘을 체험하게 될 것입니다. 여러분도 전도 전문가가 될 수 있습니다.

그 동안 이 책이 나오기까지 기도해주시고 성원해 주신 광진교회 성도들과 미래목회연구원 목회자님께 감사드립니다. 그리고 책 제작에 수고한 도서출판 횃불과 희년커뮤니케이션, 그리고 원고 교정에 애쓴 이옥찬 사모에게 따뜻한 감사를 드리는 바입니다.

1999. 8. 16
광진교회/미래목회연구원
민경설 목사

차 례

머리말 • 4

제 1 부 구원의 확신을 가지라 - 전도의 기초

전도의 힘은 구원받았다는 확신으로부터 나옵니다.
당신의 구원의 확신은 몇 퍼센트입니까?

구원받았습니까? • 11
하늘과 세상을 연결하는 사람들 • 25
자유에로의 초대 • 43

제 2 부 주님사랑, 복음 자랑 - 전도의 동력

뿌리깊은 나무는 거센 바람이 불어도 쓰러지지 않습니다.
사탄의 방해도 주님의 사랑이 넉넉히 이깁니다.

내 생애 최고의 자랑, 복음 • 61
당신의 마음을 지키라 • 77
영적 무기로 싸우라 • 89
나를 버려야 산다 • 107
들릴라를 사랑하지 말라 • 121

제 3 부 어두움의 줄을 끊어내라 – 전도의 방법

전도는 사탄의 영향력을 자르는 가위입니다.
사랑하는 가족, 이웃을 위해 전도라는 이름의 가위를 잡으십시오.

흑암의 줄을 끊어주는 전도 • 141
족보를 바꾸어주는 전도 • 159
속은 것을 찾아주는 전도 • 171
기도의 장벽을 넘어라 • 189
전도에 꼭 필요한 네 가지 확신 • 201
강권하여 전도하라 • 209

제 4 부 새신자와 함께 떠나는 8주 여행 – 전도의 완성
• 227

전도는 양육단계까지 이르러야 완성됩니다.
예수께서 당신에게 부탁한 것을 가르쳐 지키게 하십시오.

부 록   전도 교안 • 265

제1부
구원의 확신을 가지라 – 전도의 기초

전도의 힘은

구원받았다는

확신으로부터 나옵니다.

당신의 구원의 확신은

몇 퍼센트입니까?

구원 받았습니까?

누구에게든지

예수님이 찾아오시면,

주님의 은혜가 임하며 구원받게 됩니다.

우리는 일반적으로 삭개오가 뽕나무에 올라가는

적극적인 행동을 함으로

구원받은 것이라고 생각하지만 사실은 그 반대입니다.

예수님이 먼저 여리고땅 삭개오에게

찾아오심으로써 이루어지게 된 것입니다.

구원 받았습니까?

베드로전서 1:18-25

"너희 조상의 유전한 망령된 행실에서 구속된 것은 은이나 금같이 없어질 것으로 한 것이 아니요 오직 흠 없고 점 없는 어린 양 같은 그리스도의 보배로운 피로 한 것이니라."

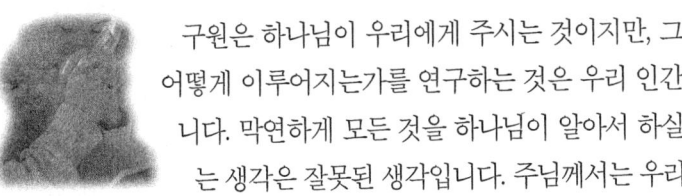

구원은 하나님이 우리에게 주시는 것이지만, 그 구원이 어떻게 이루어지는가를 연구하는 것은 우리 인간의 몫입니다. 막연하게 모든 것을 하나님이 알아서 하실 것이라는 생각은 잘못된 생각입니다. 주님께서는 우리가 가만히 앉아있기를 원치 않으십니다.

"이 구원에 대하여는 너희에게 임할 은혜를 예언하던 선지자들이 연구하고 부지런히 살펴서"(벧전 1:10).

위의 말씀에서 선지자들도 구원에 대하여 부지런히 연구하여 살폈음을 알 수 있습니다. 우리도 구원을 연구해서 우리가 받은 구원이 얼마나 위대한 것인가를 깨닫고 증거할 수 있어야 하겠습니다.

구원을 체험한 자, 그것이 얼마나 귀한 것인가를 깨닫는 자만이 전도할 수 있습니다. 우리는 성경을 통해 많이 연구하고 그 지혜를 발휘해야 합니다. 그래야 하나님의 귀한 사역을 감당할 수 있는 것입니다.

왜 전도하지 못할까?

대부분의 사람들이 전도하라는 말을 듣고도 망설이는 이유가 무엇일까요? 그것은 한 마디로 확신이 없기 때문입니다. '천국간다'는 게 뭔지 모르기 때문입니다. 그러니 믿지 않는 친구나 가족이 있다 할지라도 그냥 내버려두는 것입니다. "때가 되면 믿겠지, 얼마나 완고한지 몰라"라고 하며 아무런 노력도 하지 않는 것은 참으로 위험한 생각입니다.

성경은 가만히 있으라고 말하지 않습니다. 성경은 "보라 지금은 은혜받을 만한 때요 보라 지금은 구원의 날이로다"(고후 6:2)라고 말하고 있습니다. 지금이 바로 그 때입니다. 만일 길거리에 나가서 천 원을 사람들에게 나누어주라면 여러분은 즐거운 마음으로 줄 수 있을 것입니다. 사람들의 웃는 얼굴을 보면 즐거울 것입니다. 그러면 복음은 어떻습니까? 천 원을 나누어줄 때처럼 기쁘게 전할 수 있겠습니까?

우리는 복음이라는 좋은 보물을 소유한 사람들입니다. 그것을 부끄러워해서는 안 됩니다. 이번 장에서는 구원이 무엇인지 자세히 설명하려 합니다. 이 구원에 대해 연구하시고 묵상하시기 바랍니다. 이 복음에 대해 확실히 알아서 구원에 대해 기쁨과 감격함으로 전할 수 있기를 바랍니다.

죽음에서 구출될 수 있다

"너희가 알거니와 너희 조상의 유전한 망령된 행실에서 구속된 것은 은이나 금같이 없어질 것으로 한 것이 아니요 오직 흠 없고 점 없는 어린 양 같은 그리스도의 보배로운 피로 한 것이니라"(벧전 1:18-19).

우리는 그리스도의 보배로운 피로 인하여 망령된 행실에서 구속되었습니다. 구속은 죄값을 치루었다는 뜻이며, 망령된 행실이라는 것은 우리의 영이 죽은 행동을 하는 것을 말합니다. 그 죄악의 삶은 생명이 들어 있는 예수님의 피로만 씻어낼 수 있습니다. 레위기에 보면 우리의 생명은 피에 있다고 기록되어 있습니다. 피는 가장 확실한 생명의 표현입니다. 그러므로 우리의 망령된 행실로 말미암아 죽은 생명이 예수 그리스도의 흠없고 점없는 피로써 살아나게 된 것입니다. 죽은 생명을 영원히 사는 생명으로 바꾸신 것입니다. 이 사실을 믿으면 영생을 얻게 됩니다. 그럼으로써 우리가 거듭나게 되는 것입니다.

두 번 태어나야 사는 사람들

"너희가 거듭난 것이 썩어질 씨로 된 것이 아니요 썩지 아니할 씨로 된 것이니 하나님의 살아 있고 항상 있는 말씀으로 되었느니라"(벧전 1:23).

거듭난다는 말은 '다시 태어난다(born again)'는 뜻입니다. 이것은 반드시 두 번 태어나야 함을 의미합니다. 우리는 육신의 부모로부터 생명을 얻어 이 세상에 태어납니다. 이것이 첫 번째 태어남입니다. 이 생명은 세상에 속해 있으므로 세상 속에서는 잘 살 수 있습니다. 그러나 이러한 육신의 생명만으로는 구원을 얻을 수 없습니다. 우리는 하나님으로부터 태어나야 하는데 이것을 중생, 즉 거듭남이라고 합니다. 이것이 두 번째 태어남입니다. 하나님으로부터 태어나기 때문에 하나님의 생명을 받았다고 합니다. 중생해야만 하나님의 나라에 갈 수 있는데 이것이 이루어지지 않으면 인간은 저주를 받습니다.

우리가 '거듭남'이라는 말을 들으면 사람이 180도로 변하는 것을 떠올립니다. 그러나 거듭남은 그것을 의미하는 것이 아닙니다. 중요한 것은 우리의 생명 속에 하나님의 새 생명이 들어왔는가 하는 것입니다. 우리가 하나님의 새 생명을 받아 구원을 얻으면 우리의 삶이 점차적으로 새로워지게 되는 것입니다. 거듭남은 썩어질 씨, 즉 세상 것으로 된 것이 아니라 썩지 않을 씨, 즉 하나님의 말씀으로 된 것입니다. 세상 것은 결국 없어질 것이기 때문에 세상 것으로는 거듭날 수 없습니다. 그래서 아무리 선행을 많이 쌓아도 구원받을 수 없는 것입니다. 아무리 유명한 기관이라 할지라도, 아무리 수재들이 많이 모이는 곳이라 할지라도 그 기관은 사람을 거듭나게 하지 못합니다. 오직 교회만이 거듭나게 하는 역할을 감당합니다.

씨 속에는 생명이 들어 있습니다. 세상에도 생명이 있습니다. 그러나 그 씨는 언젠가 사라져버립니다. 그래서 썩어질 씨라고 말한 것입니다. 하나님은 썩어지는 것을 싫어하십니다. 그런데 많은 사람들은 썩어질 것을 붙들고 삽니다. 권력도, 재산도 얼마 가지 않습니다. 그러나 '하나님의 말씀'인 썩지 아니하는 씨는 사라지지 않습니다. 이 말씀 속에는 하나님의 생명이 들어있기 때문입니다. 이러한 하나님의 생명은 우리가 말씀을 받아들일 때 그 말씀 속에 있는 생명이 우리 속에 들어오는 것입니다.

하나님이 주셔야 한다

그러면 누가 전해야 이 말씀이 생명력있게 됩니까? "하나님의 살아있고 항상 있는 말씀"이라는 말은 하나님이 직접 말씀을 주셔야 말씀에 생명력이 있다는 의미입니다. 그분이 우리에게 말씀을 주어야지 그 말씀 속의 생명이 우리에게 옵니다. 성경말씀이 있다 해도 하나님의 계시를 받지 않고 인간의 생각으로만 말하면 생명력을 갖게 되지 않습니다. 그러므로 성경을 누구에게서 배웠느냐가 중요합니다. 이단들도 말씀을 가지고 공부하지만 거기에는 하나님이 직접 주시는 말씀이 없기 때문에 생명력이 없습니다.

우리가 성경을 아무리 많이 읽어도 생명이 오지 않을 수 있습니다. 그런데 어느 날 우연히 읽은 말씀 한 구절이 마음에 와 닿을 수가 있습니다. 그것은 하나님이 우리에게 주시는 말씀인 것입니다. 그때 생명이 오게 되고 삶이 변하게 되는 것입니다.

어거스틴은 예수님을 믿으려고 노력했습니다. 그런데 자기의 뜻대로 잘 되지 않았습니다. 말씀을 보는 것보다 친구들과 어울려 술 먹는 것이 더 즐거웠습니다. 그러던 중 어거스틴은 방탕한 생활을 청산하고 새로운 인생을 살기로 결심했습니다. 그래서 친구들을 피해 고향을 떠나 다른 곳으로 갔습니다. 거기서 아이들을 가르쳤습니다. 그러나 갈등이 생겼습니다. 어느 날 그가 정원에서 묵상기도를 하는데 놀라운 일이 벌어졌습니다. 음성이 들리기를 "네 가까운 곳에 있는 책을 펴라"라는 것이었습니다. 그때 책을 잡았는데 그 책이 바로 성경이었습니다. 그리고 성경책을 폈는데 로마서 13장 말씀이 펼쳐져 있었습니다.

"또한 너희가 이 시기를 알거니와 자다가 깰 때가 벌써 되었으니 이는 이제 우리의 구원이 처음 믿을 때보다 가까웠음이니라 밤이 깊고 낮이 가까왔으니 그러므로 우리가 어두움의 일을 벗고 빛의 갑옷을 입자 낮에와 같이 단정히 행하고 방탕과 술 취하지 말며 음란과 호색하지 말며 쟁투와 시기하지 말고 오직 주 예수 그리스도로 옷 입고 정욕을 위하여 육신의 일을 도모하지 말라"(롬 13:11-14).

지금까지 계속 하나님의 말씀을 봐도 그에게 생명이 오지 않았었습니다. 그러나 그 말씀을 읽는 순간 그는 감동을 느꼈습니다. 죄들이 생각났습니다. 정원에 있는 그 순간에 성령을 통하여 말씀을 주신 것입니다. 그때 어거스틴 속에 생명이 생겨났습니다. 그리고 회개하는 역사가 일어났습니다. 진정으로 예수님을 영접하게 되었습니다.

말씀을 공부할 때 기도를 많이 하십시오. 사모하십시오. 말씀을 지식으로 알면 아무 소용이 없습니다. 성령이 주시는 말씀을 받아야 삽니다.

당신은 복음의 씨앗

우리의 복된 신앙생활은 구원의 확신에 기초를 둡니다. 구원은 우리에게 여러 가지로 설명됩니다. 죄사함, 구속, 거듭남, 중생, 영생 등 나름대로 의미는 있지만 그 중심과 기초는 구원입니다.

"가로되 주 예수를 믿으라 그리하면 너와 네 집이 구원을 얻으리라"(행 16:31).

가장 중요한 것은 구원입니다. 구원은 건물의 기초와 같습니다. 기초가 잘 다져져야만 높은 집을 지을 수 있습니다. 만일 가정에 온전히 거듭난 한 사람만 있으면 그 가정이 구원을 받을 수 있습니다. 왜냐하면 생명은 퍼지는 능력이 있기 때문입니다. 어떤 분은 혼자서 신앙생활하려니 핍박이 심해서 고통스럽다고 이야기합니다. 그러나 힘을 내십시오 하나님께서 이미 그 가정 전체를 구원하려고 씨를 뿌려놓은 것입니다. 사명감을 가지고 가정을 구원하십시오.

저도 저희 집안에서 처음으로 예수님을 믿게 되었습니다. 저는 몸이 많이 아팠었는데 죽을 고비를 넘기고 나서 예수님을 영접하게 되었습니다. 저희 집은 보수적인 유교 집안이어서 교회에 갈 생각조차 못했을 정도였습니다. 그런데 죽을 뻔하던 제가 살았으니 저희 집에서는 제가 교회에 다니는 것을 묵인할 수밖에 없었습니다. 그러던 제가 신학 공부를 하겠다고 하니까 집에서 반대가 심했습니다. 어머님과 형제들 누구도 저를 동조해 주지 않았습니다. 그러나 지금은 독실한 불교 신자였던 누님이 권사님이 되었습니다. 하나님께서는 완악하던 형제들을 모두 인도하셔서 예수님을 믿게 하셨습니다. 이처럼 구원받은 한 사람이 있으면 그 집안 전체가 구원받게 되는 것입니다.

이미 천국은 와 있다

우리가 아무리 선한 일을 많이 한다 해도 천국에 갈 수 없습니다. 천국생명을 받을 때에만 천국에 갈 수 있는 것입니다. 물론 우리는 선한 일을 하면서 살아야 합니다. 하지만 그것 때문에 천국에 가는 것은 아닙니다. 또, 천국은 죽어서만 가는 곳이 아니라 이곳에서도 체험할 수 있습니다. 완전하지는 않지만 이미 하나님의 나라가 이곳에 임했습니다. 그래서 예수님께서도 천국이 여기 있다, 저기 있다 하지 말라고 하셨으며 천국이 네 맘에 있다고 말씀하셨습니다. 우리가 배운 신학 중에 잘못 전해들은 것이 있는데, 그것은 죽으면 천국간다는 말입니다. 우리가 살아있는 동안 하나님의 나라를 체험해야 천국에 갑니다. 왜냐하면 천국은 생명을 가지고 가는 곳이기 때문입니다.

"너희가 믿음에 있는가 너희 자신을 시험하고 너희 자신을 확증하라 예

수 그리스도께서 너희 안에 계신 줄을 너희가 스스로 알지 못하느냐 그
렇지 않으면 너희가 버리운 자니라"(고후 13:5).

예수님이 임재해 계시다는 것은 이미 천국이 와 있다는 걸 의미합니다.
우리가 구원받았는가를 아는 길은 우리 속에 예수님이 임재해 계시는가 아
닌가에 달려 있습니다. 물론 우리가 가게 될 영원한 하나님의 나라와는 차
원이 다르기는 하지만 우리가 깨달을 수 있는 하나님의 나라는 우리 마음
속에 와 있는 것입니다. 만약 우리가 이 세상 속에서 살아가면서 하나님의
나라에 거하지 않는다면 승리할 수 없을 뿐 아니라 전도자의 삶을 살 수도
없습니다. 그렇기 때문에 우리는 하나님 나라에 거하는 삶을 날마다 살아
야 합니다.

왜 예수님인가?

예수님은 창세 전부터 계신 분입니다. 또한 영원 전부터 영원 후까지 알
려진 분이십니다. 예수님은 하나님을 가르쳐주는 역할을 감당하셨습니다.
이러한 예수님을 체험하면 하나님을 만나고 알게 되는 것입니다.

"그는 창세 전부터 미리 알리신 바 된 자나 이 말세에 너희를 위하여 나
타내신 바 되었으니"(벧전 1:20).

예수님은 말세에 나타난다고 하셨습니다. 세상 사람들도 말세라는 말을
많이 합니다. 그러나 기독교에서 말하는 '말세'는 조금 다릅니다. 구약 시
대에 하나님께서는 선지자로도 오시고 율법으로도 나타나시고 천사로도
나타나시는 등 여러 가지 계시로 나타나셨습니다. 그러다가 2,000년 전에

인간의 몸을 입고 나타나셨습니다. 예수님이 초림하면서부터 말세가 시작되었습니다. 이제는 예수님 외에는 구원의 길이 없습니다. 막차라는 뜻입니다. 그러므로 이 세상은 엄격히 말하면 구원을 위해 계속 존재하는 것입니다. 이미 예수님이 오셔서 구원의 길이 마쳐졌으므로 이 세상도 더 존재할 이유가 없습니다. 이러한 시각으로 볼 때 이 세상을 말세라고 말하는 것입니다. 구원받은 자들로 하늘의 충만한 숫자를 채우기 위해서 계속 이 세상이 유지되고 있을 뿐입니다.

이것을 깨달아야 전도를 왜 해야 하고, 예수님을 왜 믿어야 하는지 알게 되는 것입니다.

하나님은 어떤 분인가?

"너희는 저를 죽은 자 가운데서 살리시고 영광을 주신 하나님을 그리스도로 말미암아 믿는 자니 너희 믿음과 소망이 하나님께 있게 하셨느니라"(벧전 1:21).

본문에서는 하나님을 "죽은 자 가운데서 살리시고 영광을 주신 하나님"이라는 말로 표현하고 있습니다. 여기서 강조되는 부분은 "죽은 자 가운데서 살리시고"입니다. 이 말은 부활의 생명을 가졌다는 말입니다.

하나님께서는 예수님에게 영광을 주셨습니다. 구약에서는 창조주 하나님, 전능의 하나님이라고 말하지만 신약에 와서는 하나님을 "죽은 자 가운데서 부활하신 하나님"이라고 부릅니다. 그러면 죽은 자 가운데서 살리시고 영광을 주신 하나님을 어떻게 믿습니까? 인간인 나는 믿지 못합니다. 반드시 예수님을 통해서만 믿을 수 있습니다. 예수님을 구주로 영접할 때 하나님께서 나에게 오시는 것입니다. 하나님께서는 믿는 자의 믿음과 소망을 하나님께 두게 하셨습니다. 이것이 바로 구원받은 사람의 삶의 모습입니다. 그리고 이런 사람이 전도할 수 있습니다.

구원받은 자의 삶의 자세

"너희가 진리를 순종함으로 너희 영혼을 깨끗하게 하여 거짓이 없이 형제를 사랑하기에 이르렀으니 마음으로 뜨겁게 피차 사랑하라"(벧전 1:22).

말씀에 순종해서 구원받은 자는 사람을 사랑해야 한다고 본문은 말하고 있습니다. 인간적으로 하는 사랑은 계산적인 경우가 많습니다. 그러나 본문의 "피차 사랑하라"는 말은 사람을 귀중히 여기라는 말입니다. 사람을 인정하라는 말입니다. 그것이 구원받은 사람의 자세입니다. 사람을 귀중히 여기지 않는 사람은 절대 전도할 수 없습니다. 사람을 사랑하는 마음 중 가장 중요한 것이 상대방을 인정하는 것입니다. 남을 업신여기면 절대 전도할 수 없습니다.

사랑이 무언가를 주는 것만은 아닙니다. 사랑 없이도 무언가를 줄 수 있습니다. 사랑은 상대방을 유익하게 해줍니다. 이렇게 사람을 사랑할 때 복음이 전파되기 시작하는 것입니다. 불신자들에게 "예수 천당 불신 지옥"만을 외쳐서는 전도가 되지 않습니다. 천국을 알지 못하는 사람이 그 말을 믿겠습니까? 정말로 하나님을 믿는 사람이 자기를 유익하게 해준다고 느끼고 감동하게 되면 그때 마음을 여는 것입니다. 사람을 감동시켜서 구원으로 인도하는 우리가 되어야 하겠습니다.

마음을 톡톡 두드리는 핵심 요약

1. 당신이 구원받은 증거(구원의 확신)는 무엇입니까?

- 소망이 하나님께 있다는 걸 믿게 된다.
- 늘 다른 사람을 사랑하게 된다.
- 복음을 증거하고 싶어한다.
- 늘 천국 가는 소망을 가지고 있으며, 평안을 누린다.

2. 어떻게 우리에게 구원의 은혜가 옵니까?

- 구원은 말씀의 씨에 의해서 온다. 그 구원의 말씀은 하나님께서 직접 우리에게 주시는 것이다. 성령님에 의해 말씀을 받으면 변화받게 되는데 부흥회를 통해, 목사님의 말씀을 듣는 중에, 성경을 묵상하는 중에 변화받을 수 있다.

3. 당신의 마음속에 하나님의 나라가 임했습니까? 그 증거는 무엇입니까?

- 이 땅에서 하나님 나라의 권세와 영광을 체험하게 된다.

4. 구원 받은 사람의 삶의 자세는 어떠합니까?

- 사람을 사랑해야 한다. 이는 어떤 사람이든 그 사람을 존중해야 함을 의미한다. 그리고 자신이 조금 손해본다 할지라도 다른 사람들에게 유익을 주어야 한다.

능력 있는 삶을 위한 조언

자식을 잃어버린 부모를 생각해 보십시오. 잃어버린 자식을 찾는 부모에게는 자식이 가진 어떤 조건도 중요하지 않습니다. 다만 그 생명이 부모에게 돌아올 때 마치 죽었다가 살아난 것처럼 기쁘고 즐거운 것입니다. 하나님이 기뻐하시는 전도는 잃어버린 영혼을 찾아서 하나님께 돌려드리는 것입니다. 이것이 전도의 근본 원리입니다. 전도대상자의 행위, 자격, 능력 등 외적 조건과는 상관없이 생명 자체만을 귀중하게 여겨야 전도의 동력이 임하는 것입니다.

하늘과 세상을 연결하는 사람들

예수님은
죄로 말미암아 죽을 수밖에 없는 우리들을 위해
대신 죄를 지셨습니다.
하나님과 우리 사이에 중재자가 되신 것입니다.
우리들도 믿지 않는 사람과 하나님의 사이를 이어주는
끈이 되어야 합니다.
이 끈이 하늘에 연결될 때
구원받는 사람들이 날마다 늘어나는 것입니다.

하늘과 세상을 연결하는 사람들

사도행전 2:37-47
"너희가 이 패역한 세대에서 구원을 받으라 하니 그 말을 받은 사람들은
세례를 받으매 이 날에 제자의 수가 삼천이나 더하더라."

전도하려면 영성이 열려야 합니다. 우리가 전도를 하려고 노력한다고 해서 전도가 되는 것이 아닙니다. 전도는 인간의 노력만으로는 할 수 없으며 하나님의 역사하심이 있어야 합니다. 못에 자석을 가까이 대면 못이 저절로 자석에 붙듯이 영성이 열린 사람에게는 영혼이 붙게 되어 있습니다.

혹시 전도는 목사나 전도사, 또는 장로나 권사들 같은 직분자가 하는 것이라고 생각하십니까? 이런 마음을 가지고 계시는 분들은 아직 생명을 체험하지 못한 분들입니다. 우리가 전도에 대해 관심을 가질 때 우리의 기도가 열립니다. 하늘이 열리는 것을 깨닫게 됩니다. 이것은 놀라운 일입니다. 그리고 개인뿐만 아니라 교회에도 전도의 영성이 불붙기 시작하면 교회가 부흥합니다.

나이에 걸맞은 성장이 필요하다

십자가가 걸려 있다고 모두 참다운 교회는 아닙니다. 교회에도 여러 종

류가 있습니다. 애굽교회가 있고, 광야교회가 있고, 가나안교회가 있습니다. 애굽교회는 세상과 구별되지 못한 교회입니다. 광야교회는 시험이 끊일 날이 없는 교회입니다. 분란과 싸움이 계속 일어나는 교회입니다. 그러나 가나안교회는 땅의 기름진 것과 하늘의 축복이 쏟아지는 교회입니다. 전도의 영성이 열리는 교회입니다. 이러한 가나안교회를 가리켜 '하늘에 끈이 달린 교회'라고 말합니다. 하늘에 끈이 달린 교회는 땅에서 매면 하늘에서도 매이고 땅에서 풀면 하늘에서도 풀리는 교회입니다.

또한 교회는 사람을 끌어당기는 흡입력이 있어야 합니다. 만일 어느 교회에 새신자가 10명이 왔다고 해도 떠나는 교인이 20명이라면 곤란하지요. 그리고 교회는 영원한 생명체이기 때문에 반드시 자라나야 합니다. 만일 자라나지 않는다면 그 교회는 죽은 것입니다.

제가 신학교에 다닐 때의 일입니다. 제가 다니던 학교 옆에는 '다니엘 학교'라는 장애아를 위한 학교가 있었습니다. 제가 버스를 타고 학교에 가는데 다니엘 학교에 다니는 20세 정도 되어 보이는 학생이 어머니와 함께 버스를 탔습니다. 그런데 갑자기 그 학생이 바지를 내리고 소변을 보는 것이었습니다. 그러니 그 어머니가 얼마나 당황했겠습니까? 어머니는 자기가 입은 잠바를 벗어 자기 아이의 아랫도리를 가려주고 황급히 그를 끌고 차에서 내렸습니다. 그리고는 자기 아이를 붙잡고 우는 것이었습니다.

그걸 지켜보면서 저는 정말 가슴이 아팠습니다. 육체는 다 큰 사람이 정신연령은 4-5세 수준도 안 되니, 그 어머니의 마음이 얼마나 아팠겠습니까? 속된 말로 나이값을 못하는 것이 부모를 가슴 아프게 하는 것입니다. 나이를 먹었으면 나이에 걸맞은 성장이 있어야 합니다. 교회도 마찬가지입니다. 교회의 역사가 깊을수록 역사에 걸맞은 성장이 있어야 합니다. 그러나 오늘날 한국 교회에는 나이에 맞게 성장하지 못한 교회들이 너무도 많습니다. 그 모습을 보는 하나님의 마음은 참으로 아프실 것입니다. 너무 큰 교회도 문제 있고 너무 작은 교회도 문제가 있습니다. 그러나 전도하는 교회, 성장하는 교회는 문제가 없습니다.

부흥하는 교회의 다섯 가지 특징

저는 전도에 대해 연구하기 위해서 세계적으로 교회가 부흥된다는 나라는 거의 다 가 보았습니다. 그러면서 부흥하는 교회에는 공통적인 몇 가지 특징이 있다는 것을 발견했습니다. 그 특징은 다음과 같이 다섯 가지로 요약할 수 있습니다.

예배시간을 철저하게 지킨다

부흥되는 교회의 성도들은 예배시간을 철저히 지킵니다. 우리는 예배시간만큼은 정확히 지켜야 합니다. 예배는 하나님께 드리는 것이므로 사람이 얼마만큼 오던 간에 시작 시간을 정확히 지켜야 하는 것입니다. 직장 다니시는 분들은 형편상 예배시간에 늦을 수도 있지만 가급적이면 서두르시기 바랍니다. 우리가 은혜 받는 것도 중요하지만 하나님 앞에 철저히 예배드리는 것이 더욱 중요합니다. 왜냐하면 우리는 하나님의 영광을 위해 지음 받았기 때문입니다.

앞자리부터 앉는다

부흥되는 교회의 성도들은 앞자리부터 앉습니다. 앞에 앉는 사람과 뒤에 앉는 사람이 받는 은혜의 정도는 다릅니다. 부흥하는 교회에 가보면 성도들이 앞자리에 앉으려고 서로 경쟁합니다. 목사님의 침이 튀어도 앞자리가 좋은 것입니다. 이런 모습은 배워야 합니다.

예배 시작 전에 기도하면서 예배를 준비한다

예배 시작 10분 전에 미리 와서 기도하는 사람에게는 은혜가 쏟아집니다. 그런데 예배드릴 마음의 준비를 갖추지 못한 채 시간에 맞추어 헐떡거리며 들어오면 졸음이 쏟아지게 되고, 결국 하나님이 주시는 말씀을 듣지 못하게 됩니다. 10분만 일찍 오셔서 기도하십시오. 그러면 기적을 체험하게 될 것입니다.

찬양이 뜨겁다

부흥하는 교회 성도들은 찬양을 뜨겁게 부릅니다. 찬양을 인도하는 사람이 조심해야 할 점이 있습니다. 그것은 리더가 개인적으로 좋아하는 곡이나 성도들이 같이 부르기 어려운 곡을 선택하면 안 된다는 것입니다. 이러한 행위는 찬양이 아니라 자기의 재능을 뽐내는 것에 불과합니다. 리더는 성도들이 하나님께 전심으로 찬양드릴 수 있도록 도와야 합니다.

전도를 열심히 한다

하나님은 영혼 구원하는 일에 최고의 관심을 가지고 계십니다. 하나님의 놀라운 사랑을 체험한 사람들은 그 사랑을 다른 사람에게도 전하고 싶어합니다. 하나님의 사람이라면 이러한 영성을 소유해야 하는 것입니다.

하늘과 세상을 이어 주는 네 가지 끈

사도 베드로가 나가서 설교했을 때에 삼천 명이 세례를 받고 예수님의 제자가 되었습니다.

"그 말을 받는 사람들은 세례를 받으매 이 날에 제자의 수가 삼천이나 더하더라"(행 2:41).

이것은 전적으로 하나님의 역사하심입니다. 인간의 힘으로는 도저히 일어날 수 없는 일입니다. 이것이야말로 하늘에 끈이 달린 교회의 모습입니다. 여러분의 교회도 이렇게 될 수 있으며, 또 이렇게 되어야 합니다.

하늘에 끈이 달린 교회가 되려면 어떻게 해야 합니까? 그 끈은 4가지가 있습니다. 이 끈이 여러분의 교회에 있는가 점검해 보시기 바랍니다. 하나님과 사도 사이, 사도와 성도 사이, 성도와 성도 사이, 성도와 세상 사이의 끈이 바로 그것입니다. 이러한 사이들이 이어져서 결국은 세상과 하늘이 연결되는 것입니다. 이제 끈을 하나씩 점검해 봅시다.

하나님과 사도 사이의 끈 -기사와 표적

"사람마다 두려워하는데 사도들로 인하여 기사와 표적이 많이 나타나니"(행 2:43).

하나님과 사도 사이의 끈은 기사와 표적입니다. 사도는 지금의 목사님과 같은 위치에 있습니다. 하나님과 사도 사이에는 기사와 표적이 많이 나타났습니다. 기사와 표적은 영어로 'miracle'이라고 합니다. 이것은 하나님이 살아계신 것을 나타내는 사건이 많이 일어났다는 것을 말합니다. 그래서 세상이 두려워했습니다. 이 두려움은 경건한 두려움이었습니다.

　이처럼 기사와 표적이 많이 일어날 수 있도록 기도하시기 바랍니다. 이 기사와 표적을 보고 세상 사람들이 하나님의 살아계심을 볼 수 있게 되기를 원합니다. 무디가 움직이는 곳에는 음담패설이 끊어졌다고 합니다. 또, 웨슬리가 한참 성령운동을 벌일 시절, 한 번 집회를 가진 곳에서는 10년 이상 술집이 들어서지 않았다고 합니다. 이는 경건의 능력과 경건한 두려움이 있었다는 것을 말해 줍니다.

　오늘날 우리의 교회가 경건의 능력을 잃어버렸기 때문에 세상과 타협하는 것입니다. 교회가 부흥되려면 어떤 경우에도 세상과 타협해서는 안 됩니다. 그렇다고 세상을 지배해서도 안 됩니다. 세상을 사랑하되 거룩한 두려움으로 해야 하며, 이 세상의 빛과 소금이 되어야 합니다. 손가락질 받는 교회는 이미 교회가 아닙니다. 교회에 다니지 않는 사람에게서 인정을 받는 교회가 되어야 합니다. 교회의 부흥은 소문으로 되는 것입니다. 지역 사람들이 그 교회를 칭찬해야 합니다.

　경건한 두려움이 늘 여러분의 교회에 있어서 세상이 감히 손대지 못하게 해야 합니다. 이것은 권위의식을 가지라는 뜻이 아닙니다. 거룩의 능력으로, 사랑의 능력으로, 성령의 능력으로 세상 사람들을 감싸안으십시오. 그럴 때 세상 사람들이 교회로 모여들 것입니다.

사도와 성도 사이의 끈 -말씀과 기도

　"저희가 사도의 가르침을 받아 서로 교제하며 떡을 떼며 기도하기를 전혀 힘쓰니라"(행 2:42).

중요한 것은 가르침을 받는 것과 기도하기에 힘쓰는 것입니다. 사도와 성도 사이의 끈은 '말씀과 기도'입니다. 먼저 목사님의 가르침을 받아야 합니다. 물론 인격적으로나 인생의 경험으로 보면 장로님들이 가르치는 목사님보다 선배일 경우가 많습니다. 그러나 목사님의 가르침을 받으라는 말은 인격적으로 배우라는 말이 아니라 말씀의 가르침을 받으라는 말입니다. 만약 가르침을 받지 않으면 교인이라고 할 수 없습니다.

오늘날 심각한 문제 중 하나는 목사님의 가르침을 받으려는 교인이 적다는 것입니다. 이 가르침을 거부하면 결국 목사님과 성도간의 끈이 끊어지게 됩니다. 아무리 신앙생활을 오래 한 장로님, 권사님이라도 말씀에 관한 한 목사님이 전문가라는 것을 인정하고 그 가르침에 귀 기울여야 합니다.

신앙생활을 한 지 오래되었고 열심히 교회봉사를 하는 사람인데도 집안 일이 안 풀리고 고난을 당하는 사람이 있습니다. 또 교회 나온 지 얼마 되지 않지만 교회봉사를 열심히 하고 있으며 예수님을 영접한 후로는 집안 문제가 잘 풀리고 복을 받는 사람이 있습니다. 똑같이 봉사하고 열심히 교회 출석하는데 왜 한 사람은 복을 받고 한 사람은 복을 받지 못할까요? 여러분은 그 차이점이 무엇이라고 생각하십니까?

그것은 신앙생활하는 방식의 차이입니다. 하나님께서는 자기 방식대로 신앙생활하는 사람을 가장 싫어하십니다. 예배를 드려도 자기방식대로, 성가대도 자기방식대로 하는 사람은 하나님을 섬긴다고 말할 수 없습니다. 복을 받으려면 말씀대로 해야 합니다. 열심히 봉사하는 데도 고난이 많은 사람을 주의깊게 보십시오. 아마 누구의 가르침도 받지 않고 자기의 방식대로 신앙생활하는 경우가 많을 것입니다. 물론 고난받는 사람 모두가 자기 방식대로 신앙생활해서 고난을 받는 것은 절대 아닙니다. 그러나 오랫동안 문제가 풀리지 않고 걱정 근심 속에 하루하루를 살아간다면 자기의 신앙생활을 돌아보아야 할 것입니다. 만일 여러분 가운데 자기 방식대로 신앙생활을 한다고 생각되는 분들이 있거든 회개하시고 하나님이 주시는 말씀의 가르침을 받으십시오. 그러면 고난이 해결될 것입니다.

구약을 보면, 두 줄기 반열이 내려옵니다. 한 가지는 축복의 반열이고 다른 하나는 저주의 반열입니다. 복을 받는 반열은 다윗의 혈통입니다. 저주를 받는 반열은 여로보암의 혈통입니다. 여로보암은 북왕국의 초대 왕입니다. 그는 원래 아주 똑똑한 사람이었으며 행동함에 있어서는 결점이 없었습니다. 그는 솔로몬 왕 밑에서 건축을 감독하는 일을 맡고 있다가 이른바 파업을 일으켰습니다. 절대군주 시대에 파업이란 있을 수 없는 일이었습니다. 이 일로 솔로몬의 눈밖에 난 여로보암은 애굽으로 피신을 했습니다.

세월이 흐른 후 솔로몬의 아들 르호보암이 왕권을 이었는데 그는 정치를 잘 못했습니다. 그래서 이스라엘 백성이 더욱 살기 어려워졌습니다. 결국 이스라엘 백성은 10지파와 2지파로 나뉘게 되었습니다. 유다와 베냐민 지파만 남왕국이 되었고 나머지 지파는 모두 북왕국이 된 것입니다. 10지파는 애굽에 망명해 있는 여로보암을 불러 그를 왕으로 세웠습니다.

북왕국의 수도는 사마리아이고 남왕국의 수도는 예루살렘입니다. 이스라엘 사람들은 일 년에 한 번씩 예루살렘성으로 가서 반드시 제사를 드려야 했습니다. 당연히 북왕국 사람들도 예루살렘으로 내려가서 제사를 지내야 했습니다. 그런데 여로보암은 북왕국 사람들이 예루살렘으로 가서 제사를 지내고 나면 다시 북왕국으로 돌아오지 않을지도 모른다는 생각이 들었습니다. 그래서 여로보암이 꾀를 내었습니다. 단과 벧엘에 금송아지를 만

들어 그것이 하나님이라고 속인 것입니다. 그리고 레위인을 제사장으로 세워야 함에도 불구하고 보통 사람을 제사장으로 세우고 비슷한 절기에 제사를 지내게 했습니다. 단지 예루살렘으로 못 가게 하려는 의도에서 그랬던 것입니다. 하나님을 위한 제사를 자기를 위한 제사로 바꾼 것입니다. 자기의 정치적 목적을 위해 자기 방식대로 신앙생활을 한 것입니다. 이것 때문에 여로보암의 가문은 대대로 저주를 받게 되었습니다.

그렇다면 다윗은 어떤 사람입니까? 다윗은 그 중심이 하나님께 있는 사람입니다. 비록 다윗이 실수를 하긴 했지만 하나님께서는 다윗의 중심을 보시고 그 자손들에게 복을 내리셨습니다.

우리들의 가정도 다윗과 같이 축복받는 가정이 되어야 하겠습니다. 자신이 잘나고 못나고가 중요한 게 아니라 날마다 하나님 말씀으로 무장하는 게 중요한 것입니다. 비록 우리가 연약하여 죄 짓고 쓰러지고 넘어질 때도 있지만 그럴수록 회개하고 말씀의 가르침을 받아 나아갈 수 있어야 합니다.

말씀을 따라 사는 사람에게는 축복이 옵니다. 그리고 말씀대로 사는 사람만이 전도할 수 있습니다. 말씀의 도움으로 사는 사람이 받는 축복을 몇 가지 소개하겠습니다.

축복 하나/순해진다

기독교인은 순해야 합니다. 순하다는 말이 곧 약하다는 말은 아닙니다. 오히려 순한 사람이 강합니다. 성경은 성도를 양으로 표현하고 있습니다. 양의 특성은 순하다는 것입니다. 한 마디로 얼굴에 독기가 빠져야 하는 것입니다. 기도를 많이 하는 사람들을 보면 얼굴이 어떻습니까? 독이 빠져 얼굴이 환합니다.

양은 순하기도 하지만 뿔도 없습니다. 여러분에게는 혹시 뿔이 없습니까? 그 뿔로 여러 사람을 받은 적은 없었습니까?

또 양은 풀을 먹어야 순해집니다. 제가 이스라엘을 여행하면서 특이할 만한 점을 발견했습니다. 이스라엘 양은 순하지 않다는 것입니다. 이스라엘 양은 서로 싸웁니다. 이스라엘은 목초지가 많지 않기 때문에 양에게 풀 대신 곡식을 줍니다. 만일 곡식이 없으면 고기까지 줍니다. 풀을 먹고 자라야 할 양이 풀이 아닌 다른 음식들을 먹으니 양의 성질이 변한 것입니다. 여러분은 어떻습니까? 말씀을 먹고 자라야 할 여러분이 다른 것을 먹진 않습니까? TV나 신문은 매일 보실텐데 말씀은 얼마만큼 읽으십니까? 여러분, 하나님의 말씀을 먹으시기 바랍니다. 꿀보다 단 하나님의 말씀을 가까이 하시기 바랍니다. 그래야 순한 양처럼 되는 것입니다.

축복 둘/일이 쉬워진다

말씀의 도움을 받고 사는 사람은 일을 쉽게 합니다. 교사가 쉬워지고, 맡은 직분이 쉬워지고, 성가대가 쉬워지고, 입시가 쉬워지고, 결혼이 쉬워집니다. 기계에 기름을 치면 잘 돌아가듯이 말씀의 윤활유가 쳐지면 성령이 역사하시기 때문에 쉬워지는 것입니다. 허구한 날 싸우던 부부도 말씀의 은혜를 받으면 눈 녹듯이 녹아집니다. 말씀의 은혜를 받고 그러한 축복을 체험하시기 바랍니다.

축복 셋/점점 잘 된다

말씀의 도움을 받고 사는 사람은 모든 일이 잘 됩니다. 어제보다 오늘이 잘 되고, 오늘보다 내일이 더 잘 됩니다. 모든 일이 잘 된다는 것은 모든 일이 내 뜻대로 된다는 것을 의미하는 게 아닙니다. 하나님의 인도하심을 받아 고난 가운데서도 승리를 체험함을 의미합니다. 하나님께서 언제나 함께 하시기 때문에 결국에는 세상의 어떤 사람보다 행복함을 느끼며 살게 되는 것입니다. 날이 갈수록 점점 잘 되는 것입니다.

"네 시작은 미약하였으나 네 나중은 심히 창대하리라"(욥 8:7)

또 사도와 성도 사이의 끈은 기도입니다. 성도들이 기도할 때 그들을 지도하는 목회자와 끊임없이 연결되고 하나님의 은혜의 역사가 일어나는 것입니다. 실제 목회자가 교회에서 목회할 때 목회자에게 가장 큰 힘이 되는 것은 성도들이 새벽기도회에 빠지지 않고 나와서 기도할 때입니다. 사도 바울도 그래서 늘 성도들에게 전도사역을 위하여 기도를 부탁했습니다.

"기도를 항상 힘쓰고 기도에 감사함으로 깨어 있으라 또한 우리를 위하여 기도하되 하나님이 전도할 문을 우리에게 열어 주사 그리스도의 비밀을 말하게 하시기를 구하라 내가 이것을 인하여 매임을 당하였도다"(골 4:2-3).

구원의 역사가 일어나려면 목회자와 성도간에 말씀과 기도의 끈이 연결되어야 합니다.

성도와 성도 사이의 끈 – 사랑

성도와 성도 사이는 사랑의 끈으로 연결되어 있습니다. 어떻게 하면 이 사랑을 실천할 수 있습니까?

"믿는 사람이 다 함께 있어 모든 물건을 서로 통용하고 또 재산과 소유를 팔아 각 사람의 필요를 따라 나눠주고 날마다 마음을 같이 하여 성전에 모이기를 힘쓰고 집에서 떡을 떼며 기쁨과 순전한 마음으로 음식을 먹고"(행 2:44-46).

사랑실천 하나/성도끼리 물질을 나누어 쓸 수 있어야 한다

아낌없이 물질을 나누어줄 수 있어야 사랑의 역사가 일어납니다. 내가 가지고 있는 물질이 다른 사람의 것이 될 수도 있다는 생각을 가져야 합니다. "물건을 서로 통용하고 또 재산과 소유를 팔아 각 사람의 필요를 따라 나눠주고"라는 본문의 말씀은 적선을 요구하거나 공산주의를 표방하는 것이 아닙니다.

다른 사람이 마땅히 가져야 할 돈을 나 혼자서 너무 많이 가지고 있지 않는가 하는 생각, 내가 다른 사람에게 줄 수도 있다는 생각, 이것이 바로 성령 충만한 사람의 생각입니다.

우리는 주위의 도움을 필요로 하는 사람에게 적은 것이라도 나누어줄 수 있는 마음을 가져야 합니다. 그리고 내가 가지고 있기 때문에 다른 사람이 가지지 못하고 있는 것은 아닌가 돌아보아야 합니다. 이러한 생각을 가진 사람이 아까워하지 않고 다른 사람을 도울 수 있으며 하나님의 사랑을 실천할 수 있는 것입니다. 그러나 적선하는 마음으로 다른 사람을 돕지는 마십시오. 하나님의 사랑으로 도와야 하는 것입니다.

사랑실천 둘/은혜 적게 받은 사람을 도와주라

은혜 많이 받은 사람이 은혜 적게 받은 사람을 도와주어야 합니다. 이것을 영적인 유무상통(有無相通)의 역사를 이룬다고 말합니다. 성전에 모이기를 힘쓰고 집에서 떡을 떼며 기쁨과 순전한 마음으로 음식을 먹는 모습은 영적으로 연약한 사람을 도와주는 모습입니다. 잘난 척 하는 게 아니라 몸된 형제이기 때문에 내 형제를 영적으로 인도하게 되는 것입니다. 물질뿐만 아니라 은혜도 나누어야 합니다.

그러나 만일 교만한 마음이 들거든 나누지 마십시오. 교만한 마음으로 나누면 상대방에게 상처를 줄 수 있습니다. 내가 가진 것이 상대방의 것일 수 있다는 마음을 가지십시오. 이럴 때만 사랑의 끈이 연결됩니다. 이것은 특별한 사람들만이 하는 일이 아닙니다. 우리 모두 할 수 있는 일입니다. 작은 것부터 실천하십시오. 새신자에게 주보 나누어주는 것부터 시작하십시오. 그리고 굶주린 사람을 보거든 그에게 밥을 사주는 것부터 시작하십시오. 이것이 사랑의 시작입니다.

성도와 세상 사이의 끈 – 사명

성도와 세상 사이는 사명으로 끈이 이어져 있습니다.

"하나님을 찬미하며 또 온 백성에게 칭송을 받으니 주께서 구원받는 사람을 날마다 더하게 하시니라"(행 2:47).

성도는 세상 사람들과 사명감을 가지고 사귀어야 합니다. 예수 믿는 사람이 믿지 않는 사람과 사명 없이 친구로 사귀면 안 됩니다. 그러나 이 말이 세상 친구들과의 유대를 끊고 살아야 한다는 말은 결코 아닙니다. 세상 사람들과 친구를 하되 그들을 주님께로 인도해야겠다는 사명감을 가지고 있어야 한다는 뜻입니다.

초대교회 시절에는 세상 사람들이 교인들을 칭송했습니다. 믿지 않는 사람에게 칭찬을 받는 사람들이 되어야만 복음이 전파되는 것입니다. 이것이 사명입니다. 하나님을 믿지 않았을 때는 단지 친구들과 어울리려는 목적으로만 만났지만 이제는 전도자로서의 사명감을 가지고 나아가야 합니다. 이 일을 어렵다고 생각하지 마십시오. 아주 작은 것부터 시작하면 하나님께서 큰 것으로 채워주실 것입니다. 주위의 사람들에게 작은 배려를 해주면 그것이 그들을 감동시키는 경우가 많습니다. 내 잇속을 챙기기 위해 다른 사람의 마음을 아프게 하지 마십시오. 설령 내가 조금 손해본다 하더라도 주님의 이름으로 선을 베푸시기 바랍니다. 사방천지가 당신을 바라보고 있습니다. 세상이 당신을 칭찬할 수 있을 때 비로소 복음이 전파됩니다. 초대교회 때는 구원받는 사람이 날마다 늘었습니다. 이러한 끈이 여러분에게도 연결되기를 바랍니다.

이렇듯 하나님과 사도 사이, 사도와 성도 사이, 성도와 성도 사이, 성도와 세상 사이의 끈이 연결되어서 하늘까지 이어지는 것입니다. 이와 같은 끈이 하늘에 연결될 때 구원받는 사람이 날마다 늘어나는 것입니다. 여러분과 여러분의 교회에 이와 같은 역사가 일어나기를 바랍니다.

마음을 톡톡 두드리는 핵심 요약

1. 부흥하는 교회 성도의 모습은 어떻습니까?

- 앞자리부터 앉는다.
- 찬양이 뜨겁다.
- 전도를 열심히 한다.
- 예배시간을 철저하게 지킨다.
- 예배 시작 전에 기도를 하면서 예배를 준비한다.

2. 하늘에 끈이 연결되려면 어떤 노력을 해야 합니까?

- 항상 말씀과 기도로 하나님의 임재를 체험하라.
- 기쁜 마음으로 가진 것을 나누어 주라.
- 받은 은혜를 나누라.
- 사명을 가지고 세상 친구를 사귀라.
- 하나님이 살아계시다는 증거를 보여달라고 하나님께 요구하라.

능력 있는 삶을 위한 조언

사람들은 변화되어야 한다는 말에 대해 거부감을 느낍니다. 또는 '이 만큼이면 됐다'고 자족합니다. 그러나 하나님의 사람은 평생 변화를 받아야 합니다. 변화가 중단되는 것은 축복이 중단되는 것과 마찬가지입니다. 많은 사람들이 기쁨이 없고 사는 재미가 없다고들 말하며 신앙의 무기력한 모습을 보이는 이유는 변화가 중단되었기 때문입니다. 진정한 내적변화가 와야 기쁨을 느낄 수 있으며, 이러한 사람만이 다른 사람도 변화시킬 수 있습니다.

자유에로의 초대

우리 혼이

새가 사냥꾼의 올무에서

벗어남같이 되었나니

올무가 끊어지므로 우리가 벗어났도다

우리의 도움은 천지를 지으신

여호와의 이름에 있도다

자유에로의 초대

고린도후서 5:16-17
"그러므로 우리가 이제부터는 아무 사람도 육체대로 알지 아니하노라
비록 우리가 그리스도도 육체대로 알았으나 이제부터는 이같이 알지 아니하노라
그런즉 누구든지 그리스도 안에 있으면 새로운 피조물이라
이전 것은 지나갔으니 보라 새 것이 되었도다."

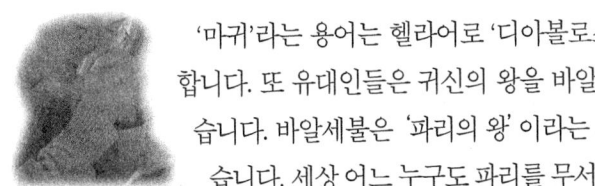

'마귀'라는 용어는 헬라어로 '디아볼로스(διάβολος)'라고 합니다. 또 유대인들은 귀신의 왕을 바알세불이라고 불렀습니다. 바알세불은 '파리의 왕'이라는 의미를 지니고 있습니다. 세상 어느 누구도 파리를 무서워하지 않습니다. 그렇듯이 믿음만 있으면 어둠의 세력을 능히 이길 수 있습니다. 귀신을 겁낼 필요가 없는 것입니다. 물론 귀신의 존재는 인정해야 하지만 그 능력을 무서워해서는 안 됩니다.

파리를 쫓아내는 것만으로는 문제가 해결되지 않습니다. 파리가 꼬이지 않게 환경을 깨끗하게 해야 합니다. 마찬가지로 흑암의 세력은 쫓아서만 될 일이 아니며, 우리가 근본적으로 깨끗해져야 하는 것입니다. 그러기 전에는 우리의 문제가 해결되지 않습니다. 우리가 자유인이 되어야 흑암의 세력과 결별되는 역사가 일어납니다. 환경이 깨끗하면 파리가 왔다하더라도 자기 스스로 떠나는 것입니다.

하나님과 동업하라

흑암에서 벗어나야 이 세상 속에서 영적인 자유함을 누리며 살 수 있습니다. 아담의 생명이 예수 생명으로 바뀌어야 합니다. 마귀의 자녀에서 하나님의 자녀로 신분이 바뀌어야 하는 것입니다.

야당과 여당에서 정치 후원회를 열었는데 그 후원회에 2,000명 정도 모였다고 합니다. 그런데 대통령의 아들이 개인 후원회를 열었는데 그 후원회에는 개최 건물에 사람이 들어오지 못할 정도로 가득 찼다고 합니다. 당 전체가 모여도 2,000명 정도 모이는데 대통령 자녀 후원회를 하니까 엄청나게 많은 사람들이 온 것입니다. 세상이란 게 그런 것입니다. 신분이 바뀌니까 이렇게 달라지는 것입니다.

하나님의 신분을 누리면 자유인이 되고 마귀의 자녀로 남게 되면 세상의 종이 됩니다. 마귀 자녀에게는 마귀가 함께하고, 하나님의 자녀에게는 하나님이 함께합니다. 마귀는 도둑이요 강도입니다. 도둑이나 강도와 함께 다니면 자유가 있을 수 없습니다. 항상 붙잡히고 매맞을까 전전긍긍하게 됩니다. 그러나 하나님은 창조주요, 사랑이요, 능력이요, 진리요, 빛이요, 온전한 분이요, 거룩하고 영원한 분입니다. 이분과 함께하면 자유가 있습니다. 빈 몸으로 다녀도 창조주 하나님과 동행하면 역사가 일어나는 것입니다. 창조주 하나님은 없는 것을 있는 것처럼 부르시고 죽은 자를 산 자처럼 부르시는 하나님이십니다. 그러나 마귀와 함께 다니면 종 노릇만하다 끝납니다. 일의 노예, 돈의 노예가 됩니다.

하나님의 자녀가 되기 위해서는 예수님을 영접해야 합니다. 예수님을 영접하면 하나님의 자녀가 되고, 하나님의 자녀가 되면 하나님의 생명이 흐릅니다. 하나님과 동행하는 자, 성령과 함께하는 자가 됩니다. 이 하나님의 생명을 가진 사람이 참 자유인입니다. 성령이 역사한다는 말은 혼자 사는 것이 아니라 하나님과 동업하는 인생이 된다는 말입니다. 우리가 감당할 수 없을 정도의 어려움과 슬픔을 겪는 것은 하나님 없이 혼자 살고 있기 때문입니다. 그러나 하나님과 동업하면 슬픔을 극복할 수 있습니다.

예수님은 하나님이십니다. 예수님이 가시는 곳마다 수많은 제자들이 따라다녔습니다. 예수님이 육신으로 계실 때는 제자들의 예수님이셨습니다. 그런데 그분이 십자가에서 돌아가시고 부활승천하셨습니다. 그리고 믿는 자 속에 성령으로 역사하셨습니다. 성령으로 오신 예수님은 나 개인만의 주님입니다. 전적으로 나의 문제를 해결하러 오신 나의 주님인 것입니다. 그렇기 때문에 예수님과 동업하면 더 이상 삶의 문제로 고민하지 않아도 됩니다.

우리는 성령충만을 사모해야 합니다. 우리 속에 성령이 충만하게 역사할 때 우리의 삶 속에 기적이 일어납니다. 성령이 우리의 삶 속에 들어오면 어떤 문제를 만나도 해결할 길을 가지고 있는 것입니다. 근심이 있을 때 기도하면 그 근심이 사라집니다. 성령님이 말씀하시는 대로 하기만 하면 되는 것입니다. 성령을 체험하게 되면 그때부터 자유를 누립니다. 그러나 성령은 앞장서서 하지 않으시고 내 뒤에 서서 나를 미십니다. 나를 온전케 합니다. 성령과 인생을 동업할 때 비로소 흑암의 생명이 다 끊어지는 것입니다. 아담의 생명이 들어오지 못하는 것입니다.

이 비밀을 깨닫는 사람의 미래는 달라질 것입니다. 하나님과 동업하십시오. 성령님과 함께하십시오. 그러면 이제부터 자유인이 됩니다. 내가 잘나서가 아니라 하나님이 잘나셔서, 내가 능력이 있는 게 아니라 하나님이 능력이 있으셔서입니다. 우리 인생사, 결혼하는 것, 사업하는 것, 직장 다니는 것, 공부하는 것, 아이 키우는 것 모두 그분과 동업하면 놀라운 역사가 일어나는 것입니다.

하나님과 동업하면 일어나는 일들

기도응답의 역사가 일어난다

내가 기도하면 하나님이 응답하십니다. 하나님께서 어떤 것을 응답한다고 꼬집어서 말할 수 없지만 우리 스스로 깨달을 수 있는 응답이 옵니다. 기도하면 응답이 오니까 어려운 문제가 없습니다. 길을 알려 주시니 제대로 길을 걸을 수 있는 것입니다.

인도하신다

우리는 우리의 길을 볼 수 없지만 하나님께서는 우리의 길을 인도하십니다. 절대 잘못된 길로 인도하지 않으십니다. 항상 최고, 최선, 최대의 길로 인도하십니다.

보호하신다

하나님께서는 눈동자처럼 우리를 보호하십니다. 세상은 전부 위험천지입니다. 어느 날 제가 고속도로를 타고 지방을 다녀오다가 사고 현장을 보게 되었습니다. 트럭과 자동차가 부딪쳐서 난장판이 되었습니다. 자기 스스로는 아무리 운전을 잘 해도 다른 차가 와서 받는데는 어찌할 방도가 없는 것입니다. 우리 나라에서 일 년에 교통사고로 죽는 사람이 몇 만 명이라고 합니다. 또 6.25전쟁으로 죽은 사람의 숫자보다 사고로 죽는 사람이 더 많다고 합니다. 그런데도 우리는 인지하지 못하고 삽니다. 하나님께서 불꽃같은 눈동자로 우리를 지켜주시기에 우리가 건강하게 잘 지내고 있는 것입니다. 이 사실을 감사하며 살아야 합니다.

하나님의 뜻을 이루게 하신다

우리 스스로는 뜻을 이루지 못합니다. 또한 우리는 하나님이 가르쳐 주시기 전에는 하나님의 뜻을 알 수 없습니다. 빌립보서 2:13을 보십시오.

"너희 안에서 행하시는 이는 하나님이시니 자기의 기쁘신 뜻을 위하여 너희로 소원을 두고 행하게 하시나니."

우리 안에서 행하시는 하나님이 곧 성령님이십니다. 하나님께서는 주님의 뜻을 가르쳐 주시며 우리가 주님의 뜻을 좋아하게도 하고 행할 수 있는 힘도 주십니다. 인간은 자기가 좋아하는 일을 하게 되어 있습니다. 만일 교회에 오는 것이 싫다면 오지 않을 것입니다. 교회에 오는 것을 사모하니까 핍박을 받으면서까지 나오는 것입니다. 이렇게 성령님은 하나님의 뜻을 이루도록 우리를 도우십니다. 그러므로 우리는 항상 성령님의 세미한 음성에 귀를 기울이며 살아야 합니다.

천국 가게 한다

하나님께서는 이 세상에서 승리의 삶을 살게 하시고 죽어서는 천국 가게 하십니다. 이 얼마나 신바람 나는 인생입니까? 하나님과 동업하여 살면 이런 기쁨을 누리며 살 수 있는 것입니다. 이 좋은 하나님을 여러분 혼자서만 믿지 마시고 아직 믿지 않는 여러분의 가족이나 친구들 그리고 이웃들에게 전하시기 바랍니다.

자유인의 7가지 축복

자유인으로 살아갈 때에 7가지 축복을 받을 수 있습니다. 하나님과 동업할 때 받는 축복은 하나님이 그냥 주시는 것입니다. 그러나 앞으로 설명할 7가지 축복은 우리가 차지해야 합니다. 믿음을 가지고 쟁취해야 하는 것입니다. 믿음을 활용하지 않으면 이 축복은 우리의 것이 되지 못합니다.

만일 우리가 객지에서 하숙을 하는데 시골에 있는 아버지가 쌀을 보내주었다고 합시다. 보관료까지 아버지가 다 치르셨습니다. 그런데 자신은 보관료를 주지 않은 줄 알고 보관료를 구하려고 시간을 허비하며 돌아다닌다면 이는 참 어리석은 일일 것입니다.

이 7가지 축복은 예수님이 이미 다 이루어놓으신 것인데 사탄이 속여서 우리로 하여금 찾지 못하도록 하는 것입니다. 우리가 그것을 찾으면 모두 우리의 것이 되지만 찾지 못하면 궁핍하게 살 수밖에 없습니다.

축복 하나 / 부요해진다

고린도후서 8:9을 봅시다.

"우리 주 예수 그리스도의 은혜를 너희가 알거니와 부요하신 자로서 너희를 위하여 가난하게 되심은 그의 가난함을 인하여 너희로 부요케 하려 하심이니라."

예수님은 원래 부요하신데 우리를 위하여 스스로 가난해지셨습니다. 그 이유는 그를 믿는 우리로 하여금 부요케 하기 위함입니다. 이것은 예수님이 값을 지불했다는 의미입니다.

부요하다는 말과 부자라는 말은 조금 다릅니다. 부요함은 영적으로 세상을 지배할 만한 실체를 가졌다는 말입니다. 이것은 자기앞수표와 같습니다. 자기앞수표는 돈 자체는 아니지만 돈으로 바꿀 수 있습니다. 마찬가지로 부요함 자체는 눈에 보이지는 않지만 영적인 물질의 실체입니다. 영적으로 오는 부요함을 가지게 되면 참 만족을 얻게 됩니다.

물질은 눈에 보입니다. 보이는 것은 현상의 세계입니다. 보이는 물질만 쫓아다니는 사람은 아무리 많이 가져도 껍질만을 붙잡는 것이 됩니다. 평생 열심히 일해도 물질의 노예가 됩니다. 그러나 영적 실체를 붙잡은 사람은 아무것도 없는 것 같지만 다 가진 사람입니다. 그래서 바울 선생은 "근심하는 자 같으나 항상 기뻐하고 가난한 자 같으나 많은 사람을 부요하게 하고 아무것도 없는 자 같으나 모든 것을 가진 자로다"(고후 6:10)라고 말했습니다.

한 10여 년 전에 어떤 할머니가 시장에서 생선을 팔아 엄청난 재산을 모았습니다. 통장이 20개도 넘습니다. 적금이 만기되는 날에는 그 돈을 타서 고스란히 통장에 넣고 은행직원에게 토큰을 빌려서 집에 갈 정도로 돈을 아끼시는 분이었습니다. 그런데 이 할머니가 은행에 올 날짜가 넘었는데도 오지 않는 것이었습니다. 이것을 이상하게 생각한 은행직원이 할머니 집을 방문하였습니다. 그런데 다 쓰러져가는 집에 할머니는 죽어 있었습니다.

연탄가스가 새어나오는 바람에 죽고 만 것입니다. 자식이라는 사람들이 나타나서는 할머니의 유산을 놓고 서로 싸우고 있었습니다. 경찰이 와서 할머니의 통장을 찾았는데 이 통장이 천장 속에 감추어져 있었습니다. 그 통장의 돈을 합해 보니 2억이 넘었습니다. 10여 년 전에 2억이면 엄청난 돈입니다. 그렇게 부자인 사람이 제대로 돈을 쓰지도 못하고 허무하게 죽었습니다. 인생을 잘못 산 것입니다.

축복 둘/건강해진다

우리 주님은 모든 질병을 가져가셨습니다(마 8:17; 벧전 2:24; 사 53:5). 피 흘림으로 죄를 사하고 채찍에 맞음으로 병을 짊어지셨습니다. 그렇다고 예수 믿는 사람이 병에도 안 걸리고 죽지도 않는다는 말이 아닙니다. 주님이 주신 생명을 누리는 동안은 병을 이길 수 있는 것입니다. 주님이 병에 대한 값을 지불하셨으므로 우리가 다시 그 값을 지불할 책임이 없습니다.

무엇보다도 하나님은 치료하시는 하나님이십니다. 말씀을 통해서, 기도를 통해서 그리고 의사와 약을 통해서 치료하십니다. 어떤 모양으로든 하나님께서 고치시는데 근본적인 것은 병이 내 것이 아니라는 사실입니다. 이것을 분명하게 깨달아야 합니다. 또한 병에 속고 얽매이면 하나님의 일을 못하게 되므로 병을 이겨내도록 노력해야 합니다.

축복 셋/감사하게 된다

감사는 환경을 바꾸는 가장 큰 능력입니다. 만일 환경이 어렵다면 그것은 감사를 잃어서입니다. 입에서 원망 불평을 제하십시오. 원망과 불평은 마귀에게 돌려주고 감사를 다시 찾아와야 합니다. 이 감사의 능력을 가지면 지옥과 같은 환경이라도 천국으로 바뀝니다. 감사는 내 의지로는 할 수 없고 하나님이 주신 은혜로 할 수 있는 것입니다. 눈에 보이는 것만으로는 범사에 감사하기 힘듭니다. 그렇지만 눈에 보이는 현상 이면의 세계를 들여다보시기 바랍니다. 잃어버렸던 감사를 찾을 수가 있을 것입니다.

진정한 '나'는 영이라고 할 수 있습니다. 육신은 내가 이 세상을 살고 있는 동안 영혼을 감싸고 있을 뿐입니다. 우리가 살아 있는 동안에는 영과 육을 분리할 수 없습니다. 그런데 마귀는 영을 죽여놓고 육신이 나 자신이라고 속였습니다. 육신은 세상 속에서 만족을 얻지만 영은 세상에서 만족을 얻을 수 없습니다. 영혼은 하나님의 은혜로만 만족됩니다.

만일 육을 우리 자신이라고 생각하면 세상에 맞추려고 할 것입니다. 세상은 참된 만족을 줄 수 없으므로 우리는 갈증을 느끼고 불평하게 됩니다. 그러나 영이 살아나서 하나님과 우리가 맞추어지기 시작하면 참 만족이 옵니다. 그러한 참 만족이 올 때 감사의 능력이 살아나게 됩니다.

만일 보너스 500%가 나왔다고 합시다. 그러면 참 기분이 좋지요? 그러나 영은 그 보너스에 아무런 관계가 없습니다. 우리가 좋다고 생각하는 건 육신에게서 나오는 감정입니다. 설령 우리가 구조조정을 당하여 직장에서 해임되었다 합시다. 그러면 굉장히 낙심될 것입니다. 미안하지만 영은 이것과도 상관없습니다. 낙심하고 있다는 것도 육신의 문제입니다. 그러나 영을 살려내면, 하나님에게서 은혜만 받으면 어느 순간도 만족하게 됩니다. 육신의 문제를 이길 수 있는 것입니다.

감사할 수 있다면 어떤 환경도 천국이 됩니다. 바울은 감옥 안에서 에베소서를 썼는데 그때는 그가 사형선고를 받은 후였습니다. 그런 상황에서도 그는 범사에 감사하라고 했습니다(엡 5:20). 이런 사람이 영적인 사람입니다. 이런 사람은 어디를 가도 천국을 맛볼 수 있습니다.

축복 넷/사랑하게 된다

사람이 살아가는 힘의 원동력은 하나님의 사랑으로부터 옵니다. 사랑하고 있다는 것은 내가 온전하다는 뜻입니다. 만일 우리가 다른 사람들을 사랑할 수 있다면 그것은 내가 온전히 회복되었다는 표시입니다. 사랑은 하나님의 속성이며 천국의 질서입니다. 만일 우리들이 사랑할 수 없다면 온전해지지 못한 것입니다. 사랑은 율법으로는 이룰 수 없습니다. 사랑은 온전함으로 나가는 길이며, 우리가 사랑할 수 있는 그 때에 고통은 사라집니다.

인간의 사랑은 하나님이 주신 것과 세상의 요소가 섞여 있습니다. 부부간, 친구간, 이성간에도 순수한 사랑이 있으며, 이 사랑은 하나님이 주신 것입니다. 하나님을 믿지 않는 사람에게도 하나님의 사랑의 요소가 있습니다. 진정한 사랑은 조건적이지 않습니다. 이 사랑은 모든 사람들에게 비를 골고루 내려 주시는 것과 같은 이치입니다. 그러나 하나님을 믿게 되면 우리 안에 하나님의 사랑이 확대되고, 계산적인 인간의 사랑은 작아지게 됩니다.

하나님께서는 모든 사랑의 뿌리이십니다. 그런데 사탄은 이 사랑을 자꾸 빼앗습니다. 하나님의 사랑이 빠지면 부부간의 사랑도 창녀와의 사랑이 될 수 있고, 부모 자식간에도 칼부림이 일어날 수 있습니다. 그렇기 때문에 우리는 하나님의 사랑을 잃어버리지 말아야 합니다.

천국에는 고통이 없다고 합니다. 그것은 천국이 사랑으로 충만한 곳이기 때문입니다. 사랑은 받는 것보다 하는 것이 더 복됩니다. 사랑을 받으면 기분이 좋지만 그것만을 바라면 병자입니다. 사랑하는 사람에게는 고통이 사라집니다. 우리는 창고에 사랑을 쌓아두지 말고 그 사랑을 찾아와야 합니다. 잃었던 사랑을 회복해야 합니다.

또한 사랑은 다른 사람을 잘되게 하는 능력과 다른 사람을 살려내는 능력이 있습니다. 사랑하게 되면 축복의 말을 할 수 있게 됩니다. 이 사랑은 하나님의 속성으로서 긍정적이고 창조적입니다.

축복 다섯/기쁨을 회복하게 된다

참 기쁨은 하나님이 주십니다. 우리가 하나님으로부터 은혜를 받으면 사랑을 체험하게 되고 하나님이 주시는 기쁨을 받게 됩니다. 기뻐하면 에너지가 생겨서 힘이 솟게 됩니다. 그러나 기쁨을 잃어버리면 사소한 일에도 힘겨워합니다. 세상의 것을 기뻐하면 우리는 죄를 지을 수밖에 없습니다. 세상의 기쁨은 영혼을 죽이기 때문에 세상에 빠질수록 더 방황하게 됩니다. 그것을 쾌락이라고 합니다. 그래서 우리는 영혼을 죽이는 세상에서 기쁨을 찾지 말고 하나님 안에서 참 기쁨을 찾아야 합니다.

축복 여섯/능력을 찾게 된다

능력이란 죄를 짓지 않고 이 세상에서 내가 할 일을 다 하는 것을 말합니다. 할 일만 다 하면 성공 못할 사람이 없습니다. 우리가 불행한 이유는 할 일은 하지 않고 하지 않아야 할 일만 하기 때문입니다. 능력이란 방언이나 신유의 능력을 받는 것만을 말하는 것이 아니라 내가 할 일을 제대로 하게 하는 힘을 말합니다. 이런 능력을 가져야 세상을 이깁니다. 우리는 주님이 주시는 능력을 받아야 합니다.

"예수께서 이르시되 할 수 있거든이 무슨 말이냐 믿는 자에게는 능치 못할 일이 없느니라 하시니"(막 9:23).

믿는 자에게 주님이 능력을 주십니다. 그래서 할 일을 다 할 수 있게 됩니다. 하나님이 주시는 참 능력을 받아 할 일을 다 하십시오. 능력을 받으면 사탄이 아무리 유혹해도 넘어지지 않습니다.

축복 일곱/참 소망을 받게 된다

인간은 미래 지향적이기 때문에 소망을 가지고 삽니다. 오늘을 살아도 미래가 없다면 죽은 것이나 다름없습니다. 오늘 우리가 죽어도 미래가 있다면 참으로 사는 것입니다. 참 소망이 없는 인간은 타락하기 마련입니다. 미래가 불확실하기 때문입니다. 하나님의 자녀에게 성령이 함께하시면 미래가 열립니다. 이것을 볼 수 있어야 타락하지 않습니다.

베드로를 산 소망이라고 합니다. 소망이 살아 있다는 말입니다. 어떤 환란과 역경, 심지어 죽음이 온다 할지라도 소망의 사람은 기쁨을 누릴 수 있습니다. 그래서 소망이 살아 있어야 합니다. 삶이 재미없는 것은 소망이 없기 때문입니다. 사탄은 미래를 보지 못하게 막아 타락시킵니다. 그러나 성령이 역사하면 미래를 보게 하십니다. 오늘을 착실히 살아가게 만드십니다.

예수님을 믿는 사람을 가리켜 꿈의 사람, 비전의 사람이라고 합니다. 이러한 소망이 보이지 않으면 살 수 없습니다. 이 소망은 하나님이 주시는 것입니다. 아무리 높은 사람이라 할지라도, 심지어 대통령이라 할지라도 우리에게 소망을 주지 못합니다. 오직 우리 주님만이 소망을 주시는 것입니다.

위의 7가지 소망을 다 누리시기 바랍니다. 이 소망은 자유인의 재산입니다. 도적에게 빼앗긴 것을 찾아오시기 바랍니다. 그러면 우리의 문제가 다 해결됩니다.

두려워하지 마십시오. 이것만 가지면 어떤 상황 아래에서도 춤을 추며 살아갈 수 있습니다. 살아도 천국, 죽어도 천국, 살아도 감사, 죽어도 감사, 가난해도 찬양, 부자되어도 찬양, 높아도 찬양, 낮아도 찬양할 수 있습니다. 그래서 바울은 일체의 비결을 깨달았다고 말했습니다. 이것이 바로 자유인의 삶입니다.

자유인의 삶을 유지하려면?

이 자유인의 삶은 어떻게 유지되겠습니까? 선악과를 따먹지 않으면 됩니다. 생명나무를 따먹으면 자유인의 삶이 유지됩니다. 이 말은 우리 스스로 주인인 것처럼 살지 말라는 의미입니다. 우리들이 선악과를 먹어 스스로가 주인인 것처럼 맘대로 결정하고 맘대로 생각하고 판단할 때 에덴은 우리에게서 멀어집니다.

우리는 생명나무 열매를 먹어야 합니다. 생명나무 열매를 먹는다는 것은 하나님이 주시는 힘으로만 살아간다는 의미입니다. 하나님께 우리 자신을 전적으로 맡겨야 합니다. 우리가 살아가는 세상이 에덴처럼 되려면 어떤 경우라도 선악과는 손대지 말고 하나님께서 주시는 생명나무 열매를 먹어야 합니다. 겸손하게 주님을 의지하며 순종하면 반드시 우리들의 문제가 해결될 것입니다. 그리고 우리들의 가정에 놀라운 축복이 임할 것입니다.

마음을 톡톡 두드리는 핵심 요약

1. 다음 빈 칸에 당신의 이름을 넣어서 읽어보십시오.

성령님은 나 _____의 문제만을 해결하시기 위해서 오셨다.

2. 하나님과 동업하면 어떤 일들이 일어납니까?

-기도응답의 역사가 일어남/하나님의 인도하심과 보호하심을 받음/
하나님의 뜻을 이루게 하심/천국가게 함.

3. 자유인이 되면 누리는 7가지 축복은 무엇입니까?

-부요해진다/건강해진다/감사하게 된다/사랑하게 된다/
기쁨을 회복하게 된다/능력을 찾게 된다/참 소망을 받게 된다.

능력 있는 삶을 위한 조언

예수 그리스도는 어떤 사람에게도 인생의 해답을 주시는 분이십니다. 그분은 하나님께서 인간을 창조하실 당시의 뜻대로 살아가게 하시는 분이며 만족한 삶을 살아가게 하십니다. 그러므로 인생의 문제로 고민하며 고통을 당하는 사람들에게 예수를 만나게 해서 행복한 삶을 살아갈 수 있게 해주어야 하며, 이것이 전도입니다.

제 2 부
주님사랑, 복음 자랑 – 전도의 동력

뿌리깊은 나무는
거센 바람이 불어도
쓰러지지 않습니다.
사탄의
거센 방해도
주님의 사랑이
넉넉히 이깁니다.

내 생애 최고의 자랑, 복음

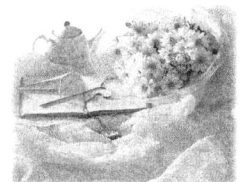

주님께서는

네가 나를 부끄러워하면

나도 너희를 하나님과 천사 앞에서

부끄러워할 것이라고 하셨습니다.

예수님을 내 인생에 있어 필요한 존재로서가 아닌,

오직 내 삶의 절대적 가치로 여기며

예수를 내 생애 최고의 자랑으로 여겨야 할 것입니다.

내 생애 최고의 자랑, 복음

디모데후서 1:8-14
"내가 또 이 고난을 받되 부끄러워하지 아니함은 나의 의뢰한 자를 내가 알고 또한 나의 의탁한 것을 그 날까지 저가 능히 지키실 줄을 확신함이라."

전도의 동력을 받아 능력있는 복음의 일꾼이 되는 것은 그 사람이 복음의 가치를 얼마나 깨닫고 있는가 하는 것에 따라 결정됩니다. 복음은 하나님 사역의 핵심적인 도구입니다. 따라서 복음의 가치를 알아야 하나님의 일을 할 수 있는 것입니다. 복음의 가치를 알지 못한다면 전도가 이루어질 수 없습니다. 성경을 아무리 많이 읽고 성경의 많은 부분을 외운다 해도 복음의 가치를 알지 못하면 아무런 의미가 없는 것입니다. 복음으로 인간을 구원하고, 복음으로 인간이 능력을 받고, 복음으로 우리가 날마다 살고 있기 때문입니다. 이것이 전도의 원리입니다.

천 원짜리 복음?

우리들이 전도를 하지 못하는 가장 큰 이유는 복음의 가치를 제대로 알지 못하기 때문입니다. 알지 못하기 때문에 전하지도 못하는 것입니다. 바울은 "복음을 부끄러워하지 말라"고 말합니다. 복음을 부끄러워하는 사람은 다른 사람에게 절대 전할 수 없습니다. 정말 우리가 부끄러워해야 할 것은 죄짓는 것이지 복음이 아닙니다. 죄의 더러움과 악함을 알게 되면 죄짓는 것을 부끄러워하게 됩니다. 반대로 복음은 알면 알수록 더욱 귀하게 여기게 됩니다.

"그러므로 네가 우리 주의 증거와 또는 주를 위하여 갇힌 자 된 나를 부끄러워 말고 오직 하나님의 능력을 좇아 복음과 함께 고난을 받으라"(딤후 1:8).

본문은 바울이 가장 사랑하던 제자 디모데에게 보낸 편지입니다. 바울은 말하기를, 자기가 복음을 증거하다가 갇혔는데 그 갇힌 것으로 인해 부끄러워하지 말고 오히려 하나님의 능력을 좇아 복음과 함께 이러한 고난을 받으라고 권하고 있습니다. 이 복음이 너무 귀한 것이기 때문입니다. 복음 증거하느라 감옥에 있을지언정 그것 때문에 부끄러워하지 말라는 것입니다. 바울이 이러한 편지를 남긴 것은, 많은 사람들이 바울과 함께 복음 증거하는 일을 하다가 바울이 옥에 갇히자 모두 의기소침하고 자신들의 행동을 부끄러워했기 때문입니다. 그래서 바울은 그들 모두에게 복음 전하는 것을 부끄러워하지 말라고 외치고 있는 것입니다.

"이를 인하여 내가 또 이 고난을 받되 부끄러워하지 아니함은"(딤후 1:12).

바울은 복음을 전함으로 인해 받는 고난을 부끄러워하지 않았습니다. 바울은 이 복음이 모든 믿는 사람에게 주어진 것이며 부끄러워할 것이 아니라는 것을 말하고 있습니다.

"내가 복음을 부끄러워하지 아니하노니 이 복음은 모든 믿는 자에게 구원을 주시는 하나님의 능력이 됨이라 첫째는 유대인에게요 또한 헬라인에게로다"(롬 1:16).

왜 복음을 전하지 못하는가 하는 질문을 스스로에게 하는 사람들이 많이 있습니다. 그 사람들은 자신이 복음을 부끄러워하고 있다는 것을 깨달아야 합니다.

예를 들어, 만약 여러분들이 길거리에서 천 원짜리 한 장씩을 사람들에게 거저 나누어준다고 생각해봅시다. 부끄러워하기보다 의기양양할 것입니다. 기쁘고 자랑스럽게 여길 것입니다. 그런데 많은 경우 복음을 전하라고 하면 쑥스러워서 입 한번 열지 못하기가 일쑤입니다. 수십 년 교회에 다녔으면서도 한 사람도 전도하지 못하는 분들이 많습니다. 다른 사람을 구제하고 교제하는 일에만 열심을 내었을지도 모릅니다. 무의식 속에 복음을 부끄러워하고 있는지도 모르며, 복음을 전해야 한다는 것을 알면서도 애써 외면하고 싶었을지도 모릅니다. 그럴 때 우리가 알고 있는 복음은 천 원만큼의 가치도 안 되는 복음이 됩니다. 신학 공부를 하고 신학박사 학위가 있는 사람이더라도 복음을 전하지 않는다면 그 사람은 천 원짜리도 안 되는 복음을 가지고 있는 것입니다. 이러한 천 원도 안 되는 복음을 듣고 교회로 향할 사람은 없습니다.

많은 사람들이 교회에 나와서 하나님께 영광을 돌린다고 외칩니다. 그들의 외침과 그들이 들고 있는 천 원도 안 되는 복음은 어울릴 수 없습니다. 우리는 복음을 부끄러워하지 말라는 바울의 말에 귀를 기울여야 합니다.

전할 수 없다면 복음은 없다

복음의 가치를 알 때 전도를 시작할 수 있습니다. 우리들은 우리들의 교회가 나날이 부흥하고 성장하기를 바랍니다. 그러나 그러한 바람이 복음의 가치가 너무 귀중해서 복음을 반드시 전하고 싶다는 열망과 간절함으로 인한 것인지 살펴보아야 합니다. 우리는 성경이 말씀하시는 열정과 사랑으로 복음을 전해야 합니다. 만일 자신의 상업적이고 이기적인 열정으로 복음을 전하려 하는 사람이 있다면 그 사람은 복음을 이용하는 것입니다.

복음의 가치에 눈을 뜰 때 참된 전도의 동기를 발견할 수 있습니다. 귀한 복음을 자기 속에만 간직하고 있겠다면 그것은 복음의 가치를 인정하지 않는 것입니다. 복음은 하나님이 십자가에 피 흘려 세우신 영원한 생명의 축복입니다. 그 생명은 넘치고 터져 오르는 생명입니다. 터져 오르는 그 생명력을 쏟아내는 것이 전도입니다. 나만 가지고 있겠다는 이기적인 마음은 복음의 가치를 빛바래게 합니다. 복음은 나만의 것이 아닙니다. 그러므로 복음의 빛을 많은 사람들에게 비춰서 사람들을 살리도록 해야 하는 것입니다.

우리가 하나님의 사랑이 십자가를 통해 내게 어떻게 전해졌는지 눈물을 흘리며 설명할 수 있다 해도, 그 복음이 다른 사람에게 전해져서 그 사람에게 생명의 복음으로 역사하는 것을 체험해보지 않는다면 그 지식은 공허할 수밖에 없습니다. 머릿속으로만 아는 신학은 능력을 발휘할 수 없습니다. 그러나 그것이 한 영혼에게 전해져서 그 영혼이 어떻게 살아나는가를 목도했을 때, 그에게 임하신 성령의 능력을 체험하게 될 때 참으로 그에게 하나님의 역사가 일어날 수 있는 것입니다.

바울이 확신했던 복음의 가치

바울은 복음의 가치를 누구보다 잘 알고 있던 사람입니다. 그래서 열심히 복음을 전할 수 있었습니다. 그러면 바울은 얼마만큼 복음에 대해 확신을 가지고 있었는지 알아보겠습니다.

목숨을 건 확신

바울에게 있어 복음은 목숨보다도 귀한 것이었습니다. 그러한 가치의 확신은 복음으로 인해 감옥에 갇혀서 목숨이 끊어진다 해도 아무 상관이 없는 확신이었습니다.

"나의 달려갈 길과 주 예수께 받은 사명 곧 하나님의 은혜의 복음 증거하는 일을 마치려 함에는 나의 생명을 조금도 귀한 것으로 여기지 아니하노라"(행 20:24).

하나님께서는 이렇게 목숨을 바쳐 충성하는 사람과 복음의 가치를 진실로 알고 있는 사람을 크게 쓰십니다. 그 가치를 이해하는 크기만큼 하나님은 쓰시는 것입니다. 우리는 바울과 같은 심정으로 복음을 소중히 여기며 흔들리지 않는 확신을 가져야 하겠습니다.

고난을 넉넉히 감당한 확신

바울은 복음 때문에 고난을 당하기를 두려워하지 않았습니다. 그는 복음으로 인해 매를 맞고 눈물을 쏟고 가난함과 핍박과 멸시를 받았습니다. 고난을 밥먹듯이 받은 것입니다. 그러나 바울은 고난을 넉넉히 감당할 만큼 복음에 대한 확신이 있었습니다. 바울에게 있어서 복음은 비록 고난을 당할지라도 버릴 수 없는 귀중한 복음이었던 것입니다.

영원 전부터 부르심을 받았다는 확신

"하나님이 우리를 구원하사 거룩하신 부르심으로 부르심은 우리의 행위대로 하심이 아니요 오직 자기 뜻과 영원한 때 전부터 그리스도 예수 안에서 우리에게 주신 은혜대로 하심이라"(딤후 1:9).

바울은 하나님이 "영원한 때 전부터" 부르신 거룩한 부르심이 복음을 전하는 것이었다고 고백합니다. 복음의 가치는 자신이 태어나기 훨씬 전, 영원 전부터 자기를 복음 때문에 부르셨다는 부르심이 확정되었다는 데서 출발합니다.

교회가 성장하고 부흥하기 전에 바로 이 복음의 가치에 대해 눈을 떠야 합니다. 그럴 때 자석이 철로 된 것을 다 이끌어내듯이 복음으로 인해 사람들이 몰려오는 것입니다. 복음이 있는 곳에, 복음이 살아 있는 강단 앞에 사람이 모이는 것은 당연한 사실입니다. 더욱이 복음을 가치 있게 전하는 그 자리라면 당연히 사람들이 모여듭니다. 영혼을 끌어당기는 것은 복음입니다. 복음의 가치에 눈을 뜨셔야 합니다.

정체성의 확신

"내가 이 복음을 위하여 반포자와 사도와 교사로 세우심을 입었노라"(딤후 1:11)라고 고백하듯이 바울은 복음을 알리는 사람, 복음 때문에 온 사람,

복음을 가르치는 사람이라고 스스로를 말하고 있습니다. 바울은 하나님이 자신을 복음을 전하는 자로, 가르치는 자로 보내셨다는 확신을 가지고 있었습니다.

우리는 우리가 전하는 복음에 대한 근본적인 뿌리를 알아야 합니다. 성경이 말씀하시는 복음을 뿌리 깊게 알아야 합니다. 원뿌리를 알아야 합니다. 우리에게 복음에 대한 확신이 있는지 돌아보아야 합니다.

성령님을 전해야 구원이 완성된다

복음에는 구원의 능력이 있습니다. 어떤 민족이든지, 어떤 상황에 있는 사람이든지 복음은 구원을 주는 능력이 있습니다.

"내가 복음을 부끄러워하지 아니하노니 이 복음은 모든 믿는 자에게 구원을 주시는 하나님의 능력이 됨이라 첫째는 유대인에게요 또한 헬라인에게로다"(롬 1:16).

하나님을 잘 믿어왔던 사람들이나 그렇지 않은 사람들 누구든지 간에 복음만이 하나님의 구원의 능력이라는 말씀입니다. 복음과 하나님의 능력은 떨어질 수 없는 관계입니다. 하나님의 능력을 좇아 난 복음은 죄에서, 사탄에서 그리고 세상에서 우리를 구원받게 합니다. 이 세상을 살아가는 모든 문제에서 구원받게 하는 것입니다.

복음은 예수님과 예수님의 사역을 의미합니다. 로마서 1:4에 보면 예수님이 "성결의 영으로는 죽은 가운데서 부활하여 능력으로 하나님의 아들로 인정되셨으니"라고 말씀하십니다. 예수님이 곧 복음입니다. 그분이 이 세상에 오시고, 가난한 자들을 도우시고, 병든 자들을 고치시고, 십자가에 달리시고, 채찍을 맞으시고, 피 흘리시고, 죽으시고, 부활하시고, 승천하신 모든 일이 복음입니다. 그것은 나로 인한 죽음임과 동시에 나의 죽음이며 나의 부활입니다.

"영접하는 자 곧 그 이름을 믿는 자들에게는 하나님의 자녀가 되는 권세를 주셨으니 이는 혈통으로나 육정으로나 사람의 뜻으로 나지 아니하고 오직 하나님께로서 난 자들이니라"(요 1:12-13).

예수님을 믿기만 하면 하나님의 자녀가 된다는 말씀은 믿는 순간 그리스도의 영이 내 속에 들어오신다는 것을 의미하는 것입니다. 지금까지 우리는 전도할 때 십자가를 설명하고 믿겠느냐고 물어보고 영접기도를 하는 것만으로 구원받았음을 선포해버린 경우가 많습니다.

우리가 예수님인 복음을 마음에 믿으면 곧바로 성령님께서 역사하시는데, 이러한 성령님을 전하는 데에서 복음이 완성됩니다. 성령이 전달되지 않으면 복음은 완성되지 않는 것입니다. 그래서 우리가 복음을 전할 때 복음을 받아들이면 성령님께서 임재하신다는 사실도 알려주어야 합니다. 성령이 임재하셔서 예수님을 영접한 그 사람을 주관하심을 전해야 하는 것입니다.

만약 어떤 사람이 성령님을 받아들이지 못했다면 그 사람은 구원받은 것이 아닙니다. 복음은 우리 안에 하나님이 들어오시도록 하는 문입니다. 그 문을 통하여 하나님께서 사람의 마음속에 들어오시는 것이며, 이때 구원이 임하는 것입니다. 그러나 복음의 완성이신 성령님을 받아들이지 않는다면 복음의 문이 열리지 못하기 때문에 구원을 받을 수 없는 것입니다.

전도자는 이러한 사실을 잘 알아서 성령님을 받아들이도록 인도해야 합니다. 때문에 전도자는 성령 받은 자만이 될 수 있습니다. 성령을 받은 자만이 다른 사람에게 성령을 전할 수 있습니다. 예수를 믿는 자에게는 누구든지 성령이 계십니다. 예수의 영을 받았기 때문입니다. 그러므로 누구든지 전도를 할 수 있습니다. 이것이 전도자의 조건입니다. 얼마나 효과적으로 전도할 수 있는가 하는 것 이전에 이 조건이 맞아야 하는 것입니다.

"살리는 것은 영이니 육은 무익하니라 내가 너희에게 이른 말이 영이요 생명이라"(요 6:63).

전도자는 예수의 영으로 충만해야 합니다. 성령을 의지하지 않고 말씀만을 외워 전도한다면 그 말씀이 능력있게 전달될 수 없습니다. 우리가 전도할 때 많이 사용하는 〈사영리〉는 대문의 역할을 합니다. 우리는 성령께서 그 문을 통해 들어가시도록 전해야 하는 것입니다. 주보나 전도지도 마찬가지입니다. 어쩌면 그것을 전달해주는 것만으로 전도했다고 생각할지도 모릅니다. 그러나 그것은 "교회에 오십시오"라고만 외치는 것일 뿐입니다. 이것은 참된 의미의 전도가 아닙니다. 교회의 위치를 알리는 광고문은 될지 모르지만, 그것 때문에 구원받지는 않습니다. 한 영혼이 구원받는 복음은 예수님의 영이 마음속에 들어가실 때 시작되는 것입니다.

새 생명에 대해 확신하라

복음은 부활의 생명이며 생명을 바꾸는 능력입니다. 가난한 사람에게는 가난한 생명이, 병든 사람에게는 병든 생명이, 죄짓는 사람에게는 죄짓는 생명이 있는 것입니다.

"이제는 우리 구주 그리스도 예수의 나타나심으로 말미암아 나타났으니 저는 사망을 폐하시고 복음으로써 생명과 썩지 아니할 것을 드러내신지라"(딤후 1:10).

우리가 복음되신 예수님을 우리 안에 모실 때 부활의 생명이 우리 안에 들어옵니다. 그럴 때 우리의 생명이 완전히 바뀌는 것입니다. 가난한 생명이 부유한 생명이 됩니다. 부유해진다는 말은 부자가 된다는 것이 아닙니다. 그의 심령이 풍요로워져서 남에게 베풀 수 있는 심령이 된다는 뜻입니다. 병든 자는 건강한 생명을 소유하게 됩니다. 영원을 아는 생명은 썩지 않는데, 부활의 생명이신 예수님을 소유했을 때 이러한 썩지 않는 생명을 소유하게 되는 것입니다. 죄된 생명이 죄의 구속에서 벗어나 자유로운 생명이 되는 것입니다.

우리에게 이러한 새 생명의 확신이 있는지 돌아봅시다. 만약 우리에게 새 생명에 대한 확신이 없다면 우리에게서 복음을 듣는 사람들 역시 확신을 가질 수 없습니다. 죽음은 하나의 터널에 지나지 않습니다. 죽음 뒤에는 영원히 썩지 않는 생명이 있는 것입니다. 이러한 사실을 믿어야 합니다. 그때 하나님의 놀라운 능력이 나타날 것입니다. 또 썩지 않는 생명, 부활의 복음은 인간의 힘으로 되지 않는다는 것을 깊이 깨달아야 합니다. 하나님이 우리와 함께 일해야 부활의 복음이 능력 있게 전해지는 것입니다. 전도란 하나님의 능력을 전하며 누리는 것입니다.

하나님을 알면 자유가 보인다

"이를 인하여 내가 또 이 고난을 받되 부끄러워하지 아니함은 나의 의뢰한 자를 내가 알고 또한 나의 의탁한 것을 그 날까지 저가 능히 지키실 줄을 확신함이라"(딤후 1:12).

위의 말씀은 내가 믿는 하나님을 잘 알고 있고 또 내가 맡은 것을 하나님이 그 날까지 지켜 주실 것임을 확신한다는 말입니다. 우리는 하나님을 아는 자가 되어야 합니다. 하나님을 아는 사람은 미래가 불확실해 보여도 두려워하지 않습니다. 우리의 모든 두려움은 미래의 불확실함에서 옵니다. 이러한 두려움을 해결하지 못하면 우리는 삶에서 평안을 찾을 수 없습니다. 우리가 하나님을 알 때 이러한 두려움은 깨어집니다. 우리가 하나님을 알고 사랑하고, 또 하나님께서 우리의 기도를 들으시며 응답하시며 우리의 미래를 지키신다는 것에 대한 확신이 있어야 합니다. 성경 말씀을 신뢰하시기 바랍니다. 성경에는 하나님이 우리를 지키신다고 기록되어 있습니다. 또한 우리를 사랑하신다는 사랑의 언어가 성경 구석구석에 쓰여 있습니다. 이러한 말씀을 의지하여 담대히 나아갈 때 승리하는 삶을 살 수 있을 것입니다.

"사람의 사정을 사람의 속에 있는 영 외에는 누가 알리요 이와 같이 하나님의 사정도 하나님의 영 외에는 아무도 알지 못하느니라 우리가 세상의 영을 받지 아니하고 오직 하나님께로 온 영을 받았으니 이는 우리로 하여금 하나님께서 우리에게 은혜로 주신 것들을 알게 하려 하심이라"(고전 2:11-12).

하나님의 영이 있는 사람은 하나님께서 사랑하는 자를 위하여 예비하신 것을 알 수 있습니다. 하나님을 알 때 우리를 위해 미리 준비해 놓으신 그것을 볼 수 있게 되는 것입니다. 그리하여 미래의 불확실성에서 자유로워집니다. 때때로 우리가 기도할 때, 하나님께서는 구체적으로 우리가 어떤 미래를 갖게 될지도 보여주십니다. 하나님을 알 때 능력이 나타나는 것입니다. 이것이 바로 복음이 알게 하셨다는 것입니다.

깨끗하게 청소하는 복음

"하나님이 우리를 구원하사 거룩하신 부르심으로 부르심은…"(딤후 1:9).

예수님께서 우리 속에 들어오심으로 우리가 거룩하게 되었습니다. '거룩하다' 는 말은 구별되고 깨끗해졌다는 말입니다. 우리 안에 있는 부정적인 요소와 우리에게 영향력을 주었던 귀신의 세력들이 떠났다는 말입니다. 우리가 떠나라고 해서 떠나는 것이 아닙니다. 우리가 귀신을 쫓아낸다고 승리하는 것이 아닙니다. 우리가 거룩하게 되는 것이 승리하는 것입니다. 축사를 부인하는 것이 아닙니다. 그 능력의 참된 힘은 거룩함에 있습니다. 귀신이라는 말은 원래 원어상 '더러운 영' 이라는 말입니다. 더러운 것은 더러운 곳에 기숙합니다. 더러운 것을 치운다고 해도 더러운 것을 담아놓은 그릇이 청소되지 않으면 완전히 깨끗해지지 않습니다. 더러운 것은 그 영혼이 깨끗해질 때 완전히 떠나는 것입니다.

그러나 우리 스스로의 노력으로는 거룩해지지 않습니다. 주님이 나를 부르심으로 거룩한 자가 되는 것입니다. 그러면 귀신은 당연히 떠납니다. 복음은 인간을 근본적으로 거룩하게 함을 믿으시기 바랍니다.

계명을 지키게 하는 능력이 있는 복음

"너는 그리스도 예수 안에 있는 믿음과 사랑으로써 내게 들은 바 바른 말을 본받아 지키고 우리 안에 거하시는 성령으로 말미암아 네게 부탁한 아름다운 것을 지키라"(딤후 1:13-14).

계명을 지킬 때 축복이 옵니다. 복음을 받아들이면 구원을 받고 계명을 지키면 축복을 받는 것입니다. 그런데 계명을 지키는 능력이 바로 복음에 있습니다. 복음은 성령의 역사와 믿음의 역사를 만들어내기 때문입니다. 성령이 역사하시면 믿음이 생깁니다. 믿음의 뿌리는 사랑입니다. 그래서 바울은 믿음과 사랑으로써 순종할 것을 말합니다. 부부 사이에도 마찬가지입니다. 서로 신뢰하지 않는다면 사랑할 수 없습니다. 사랑해야만 믿음이 가는 것입니다. 이 사랑의 뿌리는 성령입니다. 성령이 우리에게 사랑을 주시는 것입니다.

복음에는 하나님의 의가 나타나서 믿음으로 믿음에 이르게 하십니다. 성령과 믿음의 역사를 통해서 계명을 지키는 능력을 주시는 것입니다. 사랑하면 계명은 짐이 되지 않습니다. 기꺼이 계명을 지킬 수 있게 됩니다. 그 계명은 복음의 능력으로 지켜지는 것입니다. 또한 계명을 지킴으로 축복을 누리게 되는 것입니다.

이와 같이 복음의 본질을 알 때, 그리고 복음이 준 큰 확신 가운데 거할 때 우리는 이 복음을 전할 수 있을 것입니다. 하나님의 능력을 소유해서 예수님을 기쁨으로 증거하는 우리 모두가 되어야 하겠습니다.

마음을 톡톡 두드리는 핵심 요약

1. 당신에게 있어서 복음은 얼마만큼의 비중을 차지합니까?

10 .... 50 .... 100(%)

2. 당신이 복음을 전할 때 누구를 영접하기까지 전해야 합니까?

- 성령님

**3. 여러분은 죽음 뒤의 영원한 세상이 있다고 믿으십니까?
하나님 나라에서의 상급을 위해 현세에서 어떤 일을 감당하고 있습니까?**

능력 있는 삶을 위한 조언

성경에서는 가장 귀한 삶의 가치가 처음이요 나중이신 하나님께 있음을 말하고 있습니다. 그것은 바로 '하나님 나라' 입니다. 하나님 나라를 소유해야만 이 땅에 몸을 두고 태어난 삶의 목적을 이룰 수 있는 것입니다. 그러므로 우리는 삶의 가치를 하나님 나라의 완성에 두는 견고한 신앙을 가져야 합니다.

당신의 마음을 지키라

우리 몸은

하나님의 성전이요

성령이 거하시는 집이라는 것을 알면서도

여러 가지 죄악으로

하나님의 성전인 우리 몸을 더럽혀

주님을 괴롭힌 것을 용서하여 주소서.

내 안에 하나님 이외의 다른 어떤 것이

자리잡을 수 없도록 말씀으로 무장시키시고,

항상 내 안에 있는 주님과 동거하게 하소서

당신의 마음을 지키라

로마서 1:24-32
"저희가 마음에 하나님 두기를 싫어하매 하나님께서 저희를 그 상실한 마음대로 내어 버려 두사 합당치 못한 일을 하게 하셨으니."

하나님은 영에 속해 있지만 마음의 주인이기도 하십니다. 마음은 영의 창입니다. 하나님은 마음을 통하여 그 사람을 움직이십니다. 모든 인간은 하나님에 의해서 살아가도록 되어 있는 것입니다. 그런데 인간이 주인을 버리고 그 마음속에 다른 주인, 즉 사탄을 받아들였습니다. 그렇게 됨으로써 삶이 어두워질 수밖에 없었습니다.

주인 없는 집은 망가진다

아무리 좋은 집이라도 주인이 떠나고 객들이 살면 망가지게 됩니다. 주인이 살아야 집이 온전하게 됩니다. 마찬가지로 우리 마음속에 하나님이 계셔야 우리 마음을 고치시는 것입니다. 주인은 집에 없고 객이 그 집을 차지하게 되면 집이 금방 망가집니다. 거미줄도 끼고 쓰레기가 산더미처럼 쌓이는 것입니다. 인간의 마음도 똑같습니다. 그 사람의 마음에 주인이 없고 객들만 가득하면 마음은 쓰레기가 가득하게 되고 그 결과 그의 삶도 지

저분해지는 것입니다.

아인슈타인은 "나쁜 사고를 몰아 내려면 열한 배 이상의 좋은 생각을 해야 한다"고 했습니다. 우리의 생각은 한 번 나빠지면 고치기가 어려운 것입니다. 또 중국의 니토생 목사는 "머리 위로 새가 날아가는 것을 막을 수 없지만, 머리 위에 둥우리를 트는 것은 막을 수 있다"라고 했습니다. 우리의 머릿속에 나쁜 생각이 지나가는 것은 막을 수 없지만 그 생각이 마음속에 머물러 있지 못하게 해야 한다는 것입니다. 악한 마음이 들어왔을 때 그것을 몰아내야 합니다. 그래야 착한 마음을 가지고 살 수 있습니다.

마음지기, 주인에게만 문을 열어!

마음의 주인은 주님이십니다. 그러면 나는 누구입니까? 나는 마음지기입니다. 마음지기란 마음을 지키는 사람입니다. 에덴 동산은 우리의 마음에 비유할 수 있습니다. 그 동산의 주인은 하나님이십니다. 그 동산지기는 아담, 곧 사람인 나입니다. 그러나 아담이 그 에덴 동산을 지키지 못했기 때문에 죄가 들어왔습니다.

"또한 저희가 마음에 하나님 두기를 싫어하매 하나님께서 저희를 그 상실한 마음대로 내어 버려 두사 합당치 못한 일을 하게 하셨으니"(롬 1:28).

마음지기가 주인에게 문을 열어주지 않는 모습입니다. 이 상태가 "저희가 하나님 두기를 싫어하매"입니다. 하나님께서는 기능을 상실한 마음, 고장난 마음을 그대로 내버려두셨습니다. 그래서 이 사람이 합당치 못한 일을 하게 되었습니다. 인간답지 못한 일을 하게 된 것입니다. 그런데 이 마음을 인간이 다스릴 수 없습니다. 하나님이 마음을 지켜주셔야 합니다. 내가 아무리 뛰어나다 해도 마음지기일 뿐입니다.

하나님의 심판은 과거의 심판, 현재의 심판, 미래의 심판이 있습니다.
과거의 심판은 사람이 죄인이라고 하는 사실에 대한 심판입니다. 죄의 삯은 사망이므로 우리는 그 어둠 속에서 벗어나지 못합니다. 세상 사람들이 아무리 위대하더라도 이 심판을 벗어날 수는 없는 것입니다.
현재의 심판은 하나님이 내버려두시는 심판입니다. 하나님이 내버려두시면 끝입니다. 자식을 키워보면 그 마음을 알 수 있습니다. 부모가 자식에게 충고를 할 적에 그 아이가 그 말을 들으면 부모가 힘이 납니다. 어렸을 적엔 아이를 때려서라도 바로잡지만 다 큰 자식은 때릴 수도 없으니 그냥 내버려두는 것입니다. 만약 여러분이 하나님에게서 매를 맞고 있다면 이것 역시 축복입니다. 하나님이 무슨 수를 써서든지 죄인에게 개입해서 예수 믿게 하는 게 은혜입니다.

"무릇 지킬 만한 것보다 더욱 네 마음을 지키라 생명의 근원이 이에서 남이니라"(잠 4:23).

마음의 지시는 생각으로 나타납니다. 물론 마음과 생각이 나뉘질 수는 있습니다. 그러나 결국 마음과 생각은 밀접하게 연결됩니다. 우리는 외출할 때 문을 잠그고 나옵니다. 그것은 도둑이 들어오는 것을 막기 위하여 그런 것입니다. 우리의 집에 지킬 만한 것이 있으니까 문을 잠근 것입니다. 성경은 우리가 더욱 지켜야 할 것은 마음이라고 말합니다.

"대저 그 마음의 생각이 어떠하면 그 위인도 그러한즉 그가 너더러 먹고 마시라 할지라도 그 마음은 너와 함께 하지 아니함이라"(잠 23:7).

생각 이상으로 사람이 발전할 수는 없습니다. 사람은 생각하는 대로 행동하기 마련입니다. 그런데 생각은 마음에서 나오므로 마음을 잘 지켜야 합니다.

문제는, 인간의 마음을 인간 스스로 조절할 수 없다는 것입니다. 마음은 마음의 주인이 조절해야지 마음지기가 조절하는 게 아닙니다. 마음지기는 마음의 상태를 지키는 역할만을 할 뿐입니다.

우리는 내 마음을 내가 조절한다고 생각하지만 이것은 큰 착각입니다. 인간의 마음은 인간이 조절할 수 없습니다. 마음의 생각을 자기 스스로 조절할 수 있는 것 같지만 그 마음은 언젠가는 표출되게 되어 있습니다. 그리고 그것은 행동으로 나타납니다. 그래서 문제를 일으키는 것입니다. 한 번 들어온 마음을 없애기란 쉽지 않습니다. 심리학자들은 그것을 잠재의식이라고 합니다. 만일 어떤 사람이 살인했다고 합시다. 그 사람은 우발적으로 살인을 저질렀다고 말하지만 사실은 잠재의식 속에 살인에 대한 마음이 들어 있었던 것입니다. 언젠가는 살인을 해야겠다는 생각을 갖고 있었던 것입니다. 그것이 잠재의식 속에 들어 있다가 자기도 모르는 사이에 튀어나온 것입니다. 이런 잘못된 잠재의식을 잘라내는 것이 회개입니다. 그러므로 예수 믿고 회개한다는 것은 굉장히 중요합니다. 하나님께서는 나쁜 생각을 잘라주십니다. 나는 자를 수 없습니다. 그래서 하나님께 온전히 맡겨야 합니다.

하나님, 내 마음의 주인

인간의 마음의 주인은 창조주 하나님이십니다. 그런데 하나님을 모시지 아니하면 세상 신이 그 마음을 지배하기 때문에 어두워지고 어려워지는 것입니다. 하나님은 인격적인 분이시기 때문에 반드시 모셔야 들어오시지만, 세상 신은 도둑이기 때문에 모시지 않아도 들어옵니다. 강제로 들어오는 것입니다. 성경에 보면, 귀신이 사람에게서 나갔는데 그 귀신이 갈 데가 없어서 다시 그 사람에게로 왔습니다. 그런데 그 사람이 청소를 해서 깨끗해졌습니다. 그 귀신은 일곱 귀신을 더 데리고 왔습니다. 이렇듯 나갔다 빈집이면 다시 들어오는 것입니다. 귀신은 절대 마음지기의 명령을 받지 않습니다. 에덴 동산에 뱀이 들어온 것은 아담과 상의해서 들어온 게 아닙니다. 사탄은 틈만 있으면 들어옵니다. 그래서 지기가 필요하며 마음을 지켜야 하는 것입니다. 하나님만 계시도록 지켜야 하는 것입니다.

> "그 중에 이 세상 신이 믿지 아니하는 자들의 마음을 혼미케 하여 그리스도의 영광의 복음의 광채가 비취지 못하게 함이니 그리스도는 하나님의 형상이니라"(고후 4:4).

사탄은 믿지 않는 사람들의 마음을 혼미케 합니다. 그래서 그리스도의 영광의 복음의 광채가 비취지 못하게 합니다. 설교도 마음을 통해서 영으로 갑니다. 목사님의 설교는 믿지 않는 사람의 마음에 제대로 들리지 못합니다. 마치 거울에 금이 가면 모든 사물이 어그러져 보이는 것처럼 사람들이 설교를 제대로 듣지 못하고 왜곡해서 듣습니다. 믿지 않는 남편이나 부인을 교회에 데려오면 그런 일이 종종 발생합니다. 설교 듣는 그 시간을 지루해 하고 짜증을 냅니다. 빨리 집에 가서 TV나 보았으면 하는 마음을 갖습니다. 우리 마음의 상태가 이렇습니다. 그래서 하나님이 우리 마음에 들어오셔서 우리 마음을 하나로 만들어 주셔야 합니다. 믿어야만 마음이 고쳐집니다.

부끄러운 욕심에 마음을 빼앗겼을 때의 결과

"그러므로 하나님께서 저희를 마음의 정욕대로 더러움에 내어 버려 두사 저희 몸을 서로 욕되게 하셨으니"(롬 1:24).

하나님께서 믿지 않는 사람의 마음을 정욕대로 더러움에 내버려두셨습니다. 여기서도 마음을 움직이시는 분은 여호와 하나님이라고 말씀하고 있습니다. 그러나 사람들이 하나님을 받아들이지 않았기 때문에 하나님께서는 저희를 마음의 정욕대로 더러움에 내버려두셨습니다.

이 세상 사람들이 살아가는 삶의 기준은 욕망입니다. 자기의 습관대로, 감정대로, 기분대로, 환경대로, 느낌대로 살아갑니다. 그렇게 살아가기 때문에 자기 몸을 욕되게 하게 되었습니다. 죄짓는 것은 마음에서부터 나타나서 몸으로 움직여서 나타나는 것입니다. 마음을 정욕에 내버려두니까 몸도 거기에 따라가는 것입니다.

우리 나라에는 동성연애자가 얼마나 많은지 잘 모르겠지만 미국은 그 문제가 참 심각합니다. 몇천 명씩 쌍을 지어서 자기들의 권리를 주장하며 데모를 하기도 합니다. 주로 경치가 아름다운 곳일수록 동성연애자가 많습니다. 문화가 발전하고 사는 게 편리할수록 음란문화가 발전합니다. 앞으로는 상상을 초월할 정도로 이것이 팽배할 것입니다. 교만한 죄와 음란한 죄와 우상숭배하는 죄가 널리 퍼질 것입니다. 일본이 대표적인 예입니다. 일본 사람들은 굉장히 싹싹하고 자기 문화에 대한 자부심이 대단합니다. 그런데 문화를 살펴보면 상당히 쾌락을 추구합니다. 잡신도 엄청나게 많습니다. 앞으로의 우리 나라의 미래는 일본처럼 될 가능성이 높습니다. 일본 같은 나라는 인간적으로 볼 땐 소망이 있는 것 같지만 영적으로는 전혀 소망이 없는 나라입니다. 일본 거리를 밤에 돌아다녀보면 영적으로 타락했음을 확실히 볼 수 있습니다. 그 불쌍한 영혼들을 위해 기도해야겠습니다. 하나님을 믿고 합당한 생활을 한다는 것 자체가 축복입니다. 잘먹고 잘사는 게 문제가 아닙니다. 더 중요한 건 인간은 인간답게 살아야 한다는 것입니다.

"이는 저희가 하나님의 진리를 거짓 것으로 바꾸어 피조물을 조물주보다 더 경배하고 섬김이라 주는 곧 영원히 찬송할 이시로다 아멘"(롬 1:25).

사람들은 창조자보다 보이는 피조물을 더 따릅니다. 기독교인도 그런 경향이 있습니다. 축복 자체를 축복을 주시는 이보다 더 따르는 경우가 바로 그것입니다. 이것이 우상입니다. 이렇게 되면 하나님이 우리를 버리십니다. 복을 너무 즐기면 주신 자에게서 버림을 받습니다. 우리는 항상 주시는 분이 귀한 줄 믿고 그분께 집중해야 합니다.

세상 사람들을 버려 두셨다

"이를 인하여 하나님께서 저희를 부끄러운 욕심에 내어 버려 두셨으니 곧 저희 여인들도 순리대로 쓸 것을 바꾸어 역리로 쓰며 이와 같이 남자들도 순리대로 여인 쓰기를 버리고 서로 향하여 음욕이 불일듯 하매 남자가 남자로 더불어 부끄러운 일을 행하여 저희의 그릇됨에 상당한 보응을 그 자신에 받았느니라"(롬 1:26-27).

하나님이 인간의 마음을 부끄러운 욕심에 내버려두시니 그 결과 동성연애를 하게 되었습니다. 오늘날의 이야기뿐만이 아니라 신약이 쓰여진 2000

년 전에도, 그 이전에도 있었던 이야기입니다. 인간의 죄는 시대가 어떻든 변함이 없습니다. 죄의 양태만 다르지 죄는 같습니다. 정욕에 빠지면 음욕이 불일 듯 한다고 하지 않습니까? 이렇게 된 것은 육체가 심판을 받은 것을 의미합니다.

우리는 영혼만을 고귀하게 여기는 경향이 있지만 실제로 우리가 소중히 다루어야 할 것은 몸입니다. 몸을 함부로 쓰는 사람은 절대 거룩한 삶을 살 수 없습니다. 몸은 거룩한 성전이기 때문에 더럽히면 안 됩니다. 그래서 성경은 "또한 너희 지체를 불의의 병기로 죄에게 드리지 말고 오직 너희 자신을 죽은 자 가운데서 다시 산 자같이 하나님께 드리며 너희 지체를 의의 병기로 하나님께 드리라"(롬 6:13)라고 말합니다. 하나님이 주신 몸을 가지고 하나님이 기뻐하시는 일을 해야 하는 것입니다. 그럼으로써 몸이 죄를 짓지 못하게 하십시오. 몸을 거룩하게 쓰시기를 바랍니다.

우리들은 자녀들을 잘 키워야 합니다. 이 아이들이 자라날 세상은 지금보다 더 험할지도 모릅니다. 믿음이 있어야 이 아이들이 자라나서 세상을 이기며 살 수 있습니다. 그래서 부모들은 아이들에게 믿음의 유산을 주어야 합니다. 돈을 남겨주는 것이 아니라 믿음을 주어야 합니다. 그렇지 않으면 아이들에게 미래가 없습니다.

하나님이 마음에 없는 사람

"또한 저희가 마음에 하나님 두기를 싫어하매 하나님께서 저희를 그 상실한 마음대로 내어 버려 두사 합당치 못한 일을 하게 하셨으니"(롬 1:28).

사람이 하나님을 마음에 두기를 싫어했기 때문에 하나님께서는 인간을 상실한 마음대로 내버려두셨습니다. 하나님은 인격적인 분이라 우리가 모시지 않으면 오시지 않습니다. 하나님이 그 마음에 없는 사람의 특징은 다음과 같습니다.

"곧 모든 불의, 추악, 탐욕, 악의가 가득한 자요 시기, 살인, 분쟁, 사기, 악독이 가득한 자요 수군수군하는 자요 비방하는 자요 하나님의 미워하시는 자요 능욕하는 자요 교만한 자요 자랑하는 자요 악을 도모하는 자요 부모를 거역하는 자요 우매한 자요 배약하는 자요 무정한 자요 무자비한 자라"(롬 1:29-31).

하나님이 온전히 우리를 지켜주지 않으면 우리도 이와 같은 사람이 될 수 있습니다. 우리는 하나님이 우리 마음을 주장하시도록 해야 합니다.

"저희가 이같은 일을 행하는 자는 사형에 해당하다고 하나님의 정하심을 알고도 자기들만 행할 뿐 아니라 또한 그 일을 행하는 자를 옳다 하느니라"(롬 1:32).

하나님이 마음에 없는 사람은 자기의 잘못된 행위를 알면서도 다른 사람까지 끌어들이는 행위를 합니다. 그래서 믿음의 친구를 두는 것이 중요한 것이며, 또한 자신도 믿음의 친구가 되어 서로서로 도와야 합니다.

마음을 톡톡 두드리는 핵심 요약

1. 당신 마음의 주인은 누구입니까?

- 하나님.

2. 마음의 주인을 잃어버리는 이유가 무엇입니까?

- 아직 세상을 끊지 못했기 때문이다.
  그래서 세상 유혹을 받으면 거기에 넘어간다.

3. 당신은 세상으로부터 당신의 마음을 잘 지키고 있습니까?
당신은 어떤 세상 유혹이 올 때 마음을 지키기 어렵습니까?

능력 있는 삶을 위한 조언

어린아이는 떡을 가지고 있다가도 더 큰 떡이 있으면 자기 떡을 버리고 더 큰 떡을 손에 쥡니다. 마찬가지로 마음지기 역시 마음을 지키지 못하고 세상 유혹에 빨리 현혹됩니다. 우리는 주님과 깊은 교제를 나눔으로 날마다 신앙을 쌓아가야 합니다. 하나님의 은혜로 이 싸움에서 승리하는 자만이 우리 몸으로 하여금 합당한 일을 하게 합니다. 그 합당한 일이 바로 전도입니다. 마음을 지키지 못하면 절대 전도할 수 없습니다. 마음을 지키고 몸을 정복해야 전도자가 될 수 있습니다.

영적 무기로 싸우라

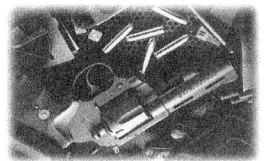

하나님은

우리를 영적 전쟁터로 부르셨습니다.

그리고 우리에게 원수의 능력을 제어할 수 있는

영적 무기를 주셨습니다.

우리는 하나님의 명령대로 사탄을 대적해야 합니다.

이미 우리는 승리했기 때문에 걱정할 필요가 없습니다.

영적 무기로 싸우라

사무엘상 17:31-40

"여호와께서 나를 사자의 발톱과 곰의 발톱에서 건져내셨은즉 나를 이 블레셋 사람의 손에서도 건져내시리이다 사울이 다윗에게 이르되 가라 여호와께서 너와 함께 계시기를 원하노라."

이 세상은 싸움터입니다. 우리의 마음과 생각, 전도와 예배, 모든 신앙의 삶도 영적 싸움 가운데 있습니다. 영적 전쟁인 것입니다. 의지나 의욕만으로 전쟁에 임할 수는 없습니다. 맨손으로 나갈 수도 없습니다. 무기가 필요한 것입니다.

오늘날의 전쟁은 더욱 그렇습니다. 대개 고도의 첨단무기를 사용합니다. 미국의 경우, 처음부터 지상군을 투입하는 일은 없습니다. 항공모함에서 날려보내는 첨단 무기로 전쟁을 끝내기도 합니다. 공격해야 할 위치, 장소를 정확하게 파악해서 폭탄을 투하하는 것까지 모두 기계가 정확하게 합니다. 현대전은 무기전입니다.

최첨단 무기로 무장하라

영적인 전쟁도 예외는 아닙니다. 현대전의 경우와 마찬가지로 영적 전쟁에도 무기가 필요합니다. 우리가 오늘날의 세상을 영적으로 정복하려면 더욱 강력한 첨단 무기가 있어야 합니다.

"그러나 내가 하나님의 성령을 힘입어 귀신을 쫓아내는 것이면 하나님의 나라가 이미 너희에게 임하였느니라 사람이 먼저 강한 자를 결박하지 않고야 어떻게 그 강한 자의 집에 들어가 그 세간을 늑탈하겠느냐 결박한 후에야 늑탈하리라"(마 12:28-29).

영적인 눈으로 볼 때 이 세상은 마귀의 집입니다. 그런데 예수님이 오셔서 강한 자, 즉 마귀를 결박하셨습니다. 도둑이 도둑질을 할 때, 그 집에서 가장 강한 사람을 묶어 두고서야 그 집을 털 수 있으리라고 예수님은 말씀하고 계십니다. 다시 말해, 예수님은 사탄에게 결박당한 이 세상 사람들을 세간에 비유하시고, 자신은 그 세간을 취하시는 도둑으로 표현하신 것입니다.

예수 그리스도를 믿기 전에 우리는 마귀의 집을 장식하는 세간이었습니다. 마귀의 살림살이였다는 것입니다. 마귀가 편의대로 사용할 수 있는 존재였습니다. 그런데 예수님께서는 강한 자인 사탄을 결박하여 우리를 하나님의 세간으로 옮겨 놓으셨습니다. 예수님께서 우리를 영원의 자리로 옮기시고자 했을 때 예수님은 그 강한 자를 물리치셔야 했던 것입니다.

북한의 기아는 참으로 심각합니다. 얼마 전 통계자료에 의하면 북한의 기아 인구는 200만이 넘었다고 합니다. 르완다에 버금가는 상황에 이르러 있는 것입니다. 그러나 북한의 위정자들은 백성의 굶주림보다는 전쟁과 도발적인 행동에 관심이 많은 듯합니다. 남북 관계가 국제적으로 관심을 끌고 조심스럽게 진행되는 이유는 다름 아니라 바로 북한이 핵폭탄을 가지고 있는 것 때문입니다. 핵폭탄이 있다는 것과 그것을 자포자기하듯 던져버릴 수 있는 상황 때문에 조심스러울 수밖에 없는 것입니다. 엄청난 무기가 있으니까 그런 것입니다. 그뿐 아닙니다. 북한의 대포동 1호 미사일은 일본까지 날아가고, 대포동 2호는 미국 본토까지 날아간다고 합니다.

C.S 루이스는 "목회는 전쟁이다"라고 했습니다. 누가 더 강한 무기를 가졌는가가 관건이라는 것입니다. 로이드 존스는 "세상은 대포로 무장했는데 성도는 소총밖에 없다"라고 말함으로 영적 능력이 약한 현대 교인들을 빗대었습니다.

세상은 빠르게 변하고 있습니다. 사람들이 잠시도 가만히 있지 않습니다. 세월이 흐르면 흐를수록 세상은 더 악해질 뿐입니다. 악의 세력이 더욱 극성을 부립니다. 거리에 즐비하게 늘어선 화려한 음식점과 술집들, 여관들을 보면서, 그런 거리를 떠도는 사람들의 얼굴을 보면서 저는 이런 생각을 합니다. 또 활개를 치고 있는 이단 종파들과 잡다한 종교들을 보면서도 역시 이런 생각을 하게 됩니다. 그것은 우리의 영적인 힘도 그만큼 강해져야 한다는 것입니다.

그러나 현실은 그렇게 보이지 않습니다. 등산길에서 보면, 많은 사람들이 불상에 엎드리고 지나갑니다. 기도하고 찬송 부르며 지나가는 사람이 없나 눈을 씻고 보아도 없을 때가 많습니다. 거리에서 찬송하고 전도하는 사람을 보기 힘듭니다. 하나님을 제대로 믿는 사람, 하나님을 진정 사랑하는 사람을 찾아보기 힘듭니다.

이런 세상이기에 교회의 사명은 남다른 것입니다. 오늘을 사는 그리스도인들의 사명 또한 남다른 것입니다. 우리의 현실이 이렇게 절박하기 때문에 우리의 무기는 점검되어야 합니다. 우리에게 무기가 있는지 없는지, 얼마나 필요한 것인지, 얼마나 강한 무기를 가져야 하는지 살펴야 합니다.

세상을 이기는 다윗의 무기

이스라엘에서는 전쟁이 나면 왕부터 20세 이상의 남자는 모두 전쟁에 임해야 했습니다. 다윗의 형들도 거기에 해당되어 모두 전쟁터로 나가고 다윗만 남았습니다. 그런데 다윗의 아버지가 다윗의 형들을 염려하여 다윗을 전장에 보냈는데 그때 적진에서는 블레셋이 내세운 골리앗이 외치고 있었습니다.

"그가 서서 이스라엘 군대를 향하여 외쳐 가로되 너희가 어찌하여 나와서 항오를 벌였느냐 나는 블레셋 사람이 아니며 너희는 사울의 신복이 아니냐 너희는 한 사람을 택하여 내게로 내려보내라 그가 능히 싸워서 나를 죽이면 우리가 너희의 종이 되겠고 만일 내가 이기어 그를 죽이면 너희가 우리의 종이 되어 우리를 섬길 것이니라"(삼상 17:8-9).

자기를 대적할 자 있으면 나와보라고 당당히 외치는 것입니다. 그런데 이스라엘군은 모두 하나같이 떨고 있었습니다. 그때 다윗이 물맷돌을 들고 나타났습니다.

"혹이 다윗의 한 말을 듣고 그것을 사울에게 고하였으므로 사울이 다윗을 부른지라 다윗이 사울에게 고하되 그를 인하여 사람이 낙담하지 말 것이라 주의 종이 가서 저 블레셋 사람과 싸우리이다"(삼상 17:31-32).

다윗은 "낙담하지 말라"고 사울에게 말했습니다. 일개 목동인 소년이 왕에게 드린 말이기에 대단한 것입니다. 이는 어린 소년이 대통령께 전화해서 "IMF 시대이나 낙담하지 마십시오"라고 하는 것과 같습니다. 신문에 오를 일일 것입니다. 또한 모두들 떨고 있는 상황에서도 다윗은 떨지 않았기에 이것은 참으로 대단한 것이었습니다. 어떤 절망적인 상황에서도 마음을 잃지 않는 것이 참으로 중요합니다. 먼저 낙담하게 되면 싸움을 해보기도 전에 지는 것입니다. 힘은 마음에서 나오는 것이므로 낙담했다는 것은 마음이 갇히고 기세가 벌써 꺾였다는 증거입니다. 낙담한 마음에서는 힘이 나올 수 없습니다.

"사울이 다윗에게 이르되 네가 가서 저 블레셋 사람과 싸우기에 능치 못하리니 너는 소년이요 그는 어려서부터 용사임이니라"(삼상 17:33).

골리앗은 여섯 규빗 한 뼘의 신장이었습니다. 그것은 3미터 정도 되는 키입니다. 머리에는 놋투구로, 온몸은 갑옷으로 무장을 했는데 5천 세겔이라 했습니다. 이것을 환산하면 70킬로그램 정도입니다. 몸무게가 아니라 갑옷 무게만이었습니다. 그리고 그가 가진 창과 방패까지 모두 합해 150킬로그램 정도입니다. 반면 다윗은 15-17살 정도의 소년이었습니다. 그리고 그의 무기는 다섯 개의 돌멩이와 물맷돌뿐이었습니다. 다윗과 골리앗의 싸움은 객관적으로 보기에는 상대가 될 수 없는 것이었습니다.

그런데 다윗은 한 개의 돌멩이로 골리앗을 이겼습니다. 그것도 아주 넉넉히 이긴 것입니다. 그렇다면, 다윗에게는 겉으로 보이는 무기가 아닌 다른 무기, 혹은 다른 뭔가가 있었다고 볼 수 있습니다.

이 싸움은 성도와 세상의 싸움을 의미합니다. 그래서 더욱 영적 싸움인 것입니다.

우리도 그렇습니다. 세상이 아무리 악하고, 세상의 무기가 아무리 엄청나도 그들이 알지 못하는 그 무기가 있을 때 넉넉히 이길 수 있는 것입니다.

상황을 고려하지 않은 다윗의 담대함은, 그가 제정신이 아니어서 되지도 않을 호언장담을 한 것이거나, 뭔가 믿는 것이 있거나 둘 중 하나라고 볼 수밖에 없습니다. 다윗이 이겼으니 미친 것은 아니었음이 증명되었습니다. 뭔가가 다윗을 담대하게 할 수밖에 없도록 한 것입니다. 온 나라가 벌벌 떨고 있든 말든 담대함을 가질 수 있었던 어린 소년, 이런 담대함을 가진 사람이 우리에게도 필요합니다. 이런 사람이 우리의 교회에 열 명만 있다면, 아니 한 명만 있더라도 교회는 달라질 것입니다. 우리의 전쟁 양상도 달라질 것입니다.

네 가지 영적 무기

다윗을 담대하게 했던 비밀을 살펴보고자 합니다. 그것이 다윗의 영적인 무기이기도 합니다. 다윗이 갖고 있던 무기는 네 가지였습니다.

첫째 무기/ 은혜

"다윗이 사울에게 고하되 주의 종이 아비의 양을 지킬 때에 사자나 곰이 와서 양떼에서 새끼를 움키면 내가 따라가서 그것을 치고 그 입에서 새끼를 건져내었고 그것이 일어나 나를 해하고자 하면 내가 그 수염을 잡고 그것을 쳐 죽였었나이다"(삼상 17:34-36).

위의 말씀은 과거 하나님이 다윗을 사랑하셨던 체험을 노래하고 있는 말씀입니다. 다윗이 양을 지키며 사자와 곰과 싸워 이겼었던 그 경험이 무기인 것입니다. 다윗은 맹수를 쓰러뜨린 경험이 있었기 때문에 그런 거대한 용사 앞에서도 담대할 수 있었습니다. 지난날부터 지금까지 변함없이 다윗을 사랑하시는 하나님, 그분의 은혜가 무기인 것입니다.

은혜는 헬라어로 '카리스' 라고 하는데 이것은 하나님이 순수하게 나를 사랑하시는, 나를 창조한 것으로 나타나는 사랑을 표현할 때 쓰는 말입니다. 그래서 '은혜받았다' 는 말은 '사랑을 체험했다' 라는 말입니다.

우리가 세상을 싸워 이기는 가장 큰 무기는 과거에 하나님이 나를 사랑하신 그 체험입니다. 그것이 우리의 가장 큰 무기입니다. 그것은 하나님의 크신 사랑만큼 큰 무기입니다. 그 사랑이 있으면, 그 은혜를 체험한 경험이 있으면 세상을 넉넉히 이길 수 있는 것입니다. 은혜만큼 강한 무기는 없습니다. 오직 하나님이 주신 은혜의 선물, 그 사랑이 무기임을 알아야 합니다. 다윗은 자기 힘으로 사자를 죽인 것이 아니었습니다. 하나님의 힘으로 이긴 것입니다. 인간에게 있어서 가장 큰 힘은 하나님의 사랑의 힘인 것입니다.

때때로 자살하려는 사람들을 봅니다. 어떤 이유에서든 그들은 살아갈 힘을 잃은 사람들입니다. 그들은 살아갈 힘을 주시는 하나님의 사랑을 체험하지 못했습니다. 누구든지 하나님의 사랑을 체험한 사람은 자살하지 못합니다. 그를 살리신 힘이 사랑이고, 그것이 살아갈 힘이기 때문입니다. 인간의 최고의 힘은 하나님이 나를 사랑하신 그 은혜의 체험에서 나옵니다.

기독교의 은혜나 능력이나 그 어떤 것이든지 하나님의 사랑이 들어있지 않으면 그것은 가짜입니다. 하나님이 없는 것은 가짜입니다. 하나님의 은혜의 사랑이 있는 사람이야말로 어떤 상황도 이겨낼 수 있습니다. 은혜를 체험한 사람은 세상 사람 모두가 가지 않는 길도 갈 수가 있습니다. 세상 사람들이 품는 생각과 다른 생각을 할 수 있습니다. 세상을 거슬러 오를 수 있습니다.

둘째 무기/사명

"주의 종이 사자와 곰도 쳤은즉 사시는 하나님의 군대를 모욕한 이 할례 없는 블레셋 사람이리이까 그가 그 짐승의 하나와 같이 되리이다 또 가로되 여호와께서 나를 사자의 발톱과 곰의 발톱에서 건져내셨은즉 나를 이 블레셋 사람의 손에서도 건져내시리이다 사울이 다윗에게 이르되 가라 여호와께서 너와 함께 계시기를 원하노라"(삼상 17:36-37).

사명은 목사, 장로, 권사, 집사 등의 직분자들에게만 있는 것이 아닙니다. 하나님께서는 모든 성도들에게 사명을 주셨습니다. 다윗이 그러했듯이 목숨을 걸고 수행해야 하는 사명이 모두에게 있는 것입니다. 다윗은 자신이 그냥 전장에 온 것이 아니라 하나님이 보내셔서 온 것이라는 고백을 사울에게 하고 있습니다.

하나님께서 우리로 하여금 목숨을 바쳐서 하도록 보내신 그 일, 혹은 뜻이 사명입니다. 사명을 아는 사람은 자기 목숨보다 더 중요한 것을 발견한 사람이며, 그것을 발견한 사람은 가장 행복한 사람입니다. 그러나 인생의 사명을 발견하지 못한 사람은 결국 자기 목숨을 위해 살 수밖에 없게 됩니다.

로마서에는 인생의 사명을 발견하고 기쁨으로 생활한 사람을 소개하고 있습니다. 그 행복한 주인공은 브리스길라와 아굴라입니다.

"저희는 내 목숨을 위하여 자기의 목이라도 내어 놓았나니 나뿐 아니라 이방인의 모든 교회도 저희에게 감사하느니라"(롬 16:4).

위의 말씀은 바울의 말입니다. 브리스길라와 아굴라처럼 행복한 사람도 없었을 것입니다. 왜냐하면 목숨을 걸 만한 일을 발견한 인생이었기 때문입니다. 이렇게 자기의 사명을 좇아가는 사람은 어떤 두려움이라도 거뜬히 이깁니다. 자기 목숨보다 더 귀한 것이 있기 때문입니다. 그리고 이러한 사람들은 자기 목숨, 자기 삶에 연연하지 않습니다. 그보다 중요한 가치를 알고 있기 때문입니다.

이것이 바로 바울이 복음을 전하는 사명을 위해서 자기 목숨을 아끼지 아니하였던 이유입니다. 이런 사람을 당해낼 자는 없습니다. 이런 사람이 세상을 이깁니다. 세상이 아무리 거대하게 몰려와도 두려움 없이 담대할 것입니다.

야쿠자가 한국에 뿌리를 내리고 있다는 소문과 이들이 상륙해서 활동한다는 보고를 듣고 한국 경찰이 특별반을 조직해 이들을 잡아들였습니다. 힘겹게 두목을 잡았는데 겉으로 보기에는 전혀 두목 같지 않았습니다. 이런 외모를 가진 사람이 어떻게 두목일 수 있을까 싶어서 당신이 정말 두목이냐고 경찰이 물었습니다. 부하들을 가리키며 두목은 이렇게 말했습니다. "저들은 살려고 싸우고, 나는 죽으려고 싸운다." 죽음을 각오하는 정신으로 살았기에 두목의 자리에까지 올라갈 수 있었던 것입니다.

주님도 우리에게 살려고 왔는지 죽으려고 왔는지를 물으십니다. "무릇 자기 목숨을 보존하고자 하는 자는 잃을 것이요 잃는 자는 살리리라"(눅 17:33)라고 하셨습니다. 이것이 주님의 원리입니다. 십자가의 원리이고, 성장의 원리입니다. 우리의 사명은 인간을 구원하는 도구가 되는 것입니다. 우리의 사명을 다하기 위해 우리도 죽기를 각오하는 마음이 필요합니다.

셋째 무기/믿음

"주의 종이 사자와 곰도 쳤은즉 사시는 하나님의 군대를 모욕한 이 할례 없는 블레셋 사람이리이까 그가 그 짐승의 하나와 같이 되리이다"(삼상 17:36).

믿음에도 여러 가지 종류가 있습니다. 그 중 가장 중요한 믿음이 "하나님은 살아 계시다"라는 믿음입니다. 하나님이 살아 계시다는 사실을 믿는 믿음이 없다면 다른 것은 아무 쓸모없습니다. 하나님이 살아 계시다는 믿음이 있어야 우리에게 능력이 생기며, 전도할 수 있습니다. 그러나 하나님이 살아 계심을 진심으로 믿지 않는 사람은 기도하거나 전도할 수 없습니다. 그는 하나님과 관계없는 사람입니다. 교회를 수십 년 다닌 사람이라 해도 말입니다. 신학적인 지식이나 성경 지식을 많이 아는 사람이라고 해서 반드시 믿음을 가지고 있는 것은 아닙니다. "경건의 모양은 있으나 경건의 능력은 없다"는 말씀은 참된 믿음을 가지지 못한 사람에 대해 경고하는 말씀입니다. 그 사람은 하나님과 예수님을 알지만 자기의 마음속에 받아들이지 않고 자기 뜻대로 사는 사람입니다.

혹시 기도를 해도 응답을 받지 못하는 분이 있습니까? 기도의 응답을 받지 못하는 이유가 여러 가지 있지만 혹시 믿음으로 기도했는지, 혹은 자기의 정욕대로 쓰려고 기도했는지 기도의 동기를 살펴보시기 바랍니다. 믿음이 없이는 하나님을 기쁘시게 못합니다. 또한 믿음으로 살지 못하는 한 축복을 기대할 수 없습니다. 믿음으로 산다는 것은 내 힘으로 사는 것이 아니라 하나님의 힘으로 사는 것을 말합니다. 내 힘으로 살면 어려워집니다. 그러나 하나님의 힘으로 살면 쉬워집니다.

6.25 전쟁이 일어난 후 북한군에게 밀려 부산까지 갔다가 거기서도 밀려 제주도에 정착한 사람들이 있습니다. 피난 온 사람들이 모인 뒤에 보니 한 마을에 목사만 70명이 있었습니다. 자연스럽게 교회를 이루게 되었고 설교는 물론 기도, 찬양도 모두 목사가 인도하게 되었습니다. 그 중 한 젊은 목사가 피난 오는 중에 다리에 부상을 입어서 모두 그를 위해 심방을 가기로 했습니다. 약을 구할 수 없는 때니까 안수 기도를 하자고 간 것입니다. 모두 그 집에 가서 "하나님의 능력으로 고쳐주십시오. 믿습니다"라고 기도를 열심히 드렸습니다. 그리고 나서는 자기들끼리 모여서 "저건 잘라야 되겠어, 저런 건 처음 봤구만"이라고 수군대는 것이었습니다. 그런데 그 집 7살 난 막내딸이 "아빠 내가 기도해줄게" 하였습니다. 아버지가 귀찮아하는데도 딸은 기도합니다. 아버지의 아픈 다리에 손을 얹고 "예수님, 우리 아버지는 목사님인데 다리가 잘리면 목사를 어떻게 해요. 아버지를 낫게 해주세요"라고 울면서 기도하는 것이었습니다. 나중에 그때 일을 회고하면서 그때 아이의 눈물이 다리에 떨어지는데 마치 불이 떨어지는 것 같았다고 그 젊은 목사님은 말했습니다.

능력은 나이의 많고 적음에 좌우되는 것이 아니라 살아 계신 하나님을 믿는가 그렇지 않은가에 달려 있습니다.

다윗이 그런 사람이었습니다. 다윗은 살아 계신 하나님이 어떤 분인지 알고 있었으며 철저히 믿고 있었습니다. 그가 살아 계신 하나님을 발견할 때마다 그 하나님을 찬양하지 않을 수 없었던 결과가 바로 시편으로 나타났습니다. 시편의 거의 대부분을 쓴 다윗의 고백을 우리는 묵상하며 은혜를 받습니다. 그 속에서 살아 계신 하나님을 믿고 의지하는 다윗의 목소리를 들을 수 있습니다. 그는 하나님을 모르는 어떤 사람도 문제로 여기지 않았습니다. 그 사람이 아무리 큰 힘을 가지고 있다 해도 말입니다. 하나님의 능력이 어떠한 것인지를 믿고 있었기 때문입니다.

넷째 무기/영광

"주의 종이 사자와 곰도 쳤은즉 사시는 하나님의 군대를 모욕한 이 할례없는 블레셋 사람이리이까 그가 그 짐승의 하나와 같이 되리이다 또 가로되 여호와께서, 나를 사자의 발톱에서 건져내셨은즉, 나를 이 블레셋 사람의 손에서도 건져내시리이다 사울이 다윗에게 이로되 가라 여호와께서 너와 함께 계시기를 원하노라"(삼상 17:36-37).

다윗은 자신이 살아 계신 하나님을 믿는 대표요, 골리앗은 짐승의 대표라고 담대히 말하고 있습니다. 그렇기 때문에 다윗 자신은 약할지라도 하나님의 대표이기에 하나님이 역사하셔서서 큰 힘을 주실 것이라고 말하는 것입니다.

국가 대표라면 나라에서 그의 모든 것을 지원해줍니다. 모든 지원을 아끼지 않습니다. 국가의 얼굴이기 때문입니다. 그리고 국가 대표가 된 사람은 매우 자신을 자랑스럽게 생각할 것입니다. 마찬가지로 다윗은 하나님의 대표로서 자신을 영광스럽게 생각하고 있습니다. 그는 골리앗을 짐승이라고 부릅니다. 그에게 있어서 짐승인 골리앗과 싸우는 것은 우스운 일인 것입니다. 하나님이 자신에게 힘을 공급하시고 싸우시기 때문입니다.

우리의 싸움도 이긴 싸움입니다. '이길 것이다'가 아니라, 이미 '이긴 것'을 확인하는 싸움입니다. 승리의 영광을 취하는 싸움입니다. 우리가 십자가를 지고 가지만 이미 그 십자가에서 주님이 모든 것을 이루심으로 승리하신 것입니다.

다윗의 무기는 성도된 우리들이 반드시 사모하고 소유해야 할 무기입니다. 그리고 다윗과 같이 하나님을 사랑하면 우리의 삶 속에서 얻어질 무기들입니다. 우리는 더욱 깨어 준비해야 하겠습니다. 이 승리의 무기를 가지고 나아갈 때 영적인 전쟁터에서 넉넉히 이길 수 있는 것입니다.

다섯째 무기/은사

본문에 보면 사울은 자기의 군복을 다윗에게 입히고 있음을 알 수 있습니다.

"이에 사울이 자기 군복을 다윗에게 입히고 놋투구를 그 머리에 씌우고 또 그에게 갑옷을 입히매"(삼상 17:38).

그러나 사울의 갑옷이 다윗에게 맞지 않았으므로 오히려 싸우기에 더 불편했습니다. 그래서 다윗은 갑옷을 벗고 골리앗과 싸우러 나갑니다.

"다윗이 칼을 군복 위에 차고는 익숙치 못하므로 시험적으로 걸어 보다가 사울에게 고하되 익숙치 못하니 이것을 입고 가지 못하겠나이다 하고 곧 벗고 손에 막대기를 가지고 시내에서 매끄러운 돌 다섯을 골라서 자기 목자의 제구 곧 주머니에 넣고 손에 물매를 가지고 블레셋 사람에게로 나아가니라"(삼상 17:39-40).

여기서 우리는 중요한 사실을 깨닫게 됩니다. 우리가 적군과 싸울 때 필요한 무기는 남의 것이 아니라 자기에게 주어진 무기, 즉 하나님이 자기에게 준 은사라는 것입니다. 우리는 자기에게 주어진 은사가 귀한 줄 모르고 남의 것만 탐내고 바라보는 경향이 있습니다. 하나님께서는 각자에게 필요한 은사를 모두 주셨으므로 우리는 우리에게 주어진 것들을 소중히 여겨야 할 것입니다.

"직임은 여러 가지나 주는 같으며 또 역사는 여러 가지나 모든 것을 모든 사람 가운데서 역사하시는 하나님은 같으니"(고전 12:5-6).

그러므로 성도는 자기에게 주어진 현실을 중요하게 여겨야 합니다. 겉으로 보기에는 열악한 현실이라 할지라도 그 속에 하나님의 은사가 있고 세상을 이기는 무기가 있기 때문입니다. 우리에게 주어진 우리의 것을 소중히 여기고 열심히 갈고 닦을 때, 그것은 하나님의 큰 축복의 무기가 됩니다. 이러한 은사는 성도의 능력이자 전도인의 무기입니다.

마음을 톡톡 두드리는 핵심 요약

1. 세상을 이기는 다섯 가지 무기는 무엇입니까?

-은혜, 사명, 믿음, 영광, 은사

2. 위의 다섯 가지 무기 중 당신이 가장 어렵다고 생각하는 부분은 무엇입니까?

3. 당신이 부족하다고 느끼는 부분을 주님께 맡겨보십시오.

☞ 은혜 부족
-하나님은 아낌없이 주시는 분입니다. 그 은혜 베푸심을 느끼게 해달라고 기도하십시오.

☞ 사명 부족
-먼저 하나님의 나라와 그의 의를 구하십시오. 그리하면 모든 것을 주실 것입니다. 또한 하나님이 당신에게 주신 달란트와 비전을 꿈꾸십시오. 그것이 무엇인지 묵상하십시오.

☞ 믿음 부족
-하나님께서는 자연을 통해, 말씀을 통해, 예수님을 통해, 환경을 통해 자신을 계시하십니다. 당신 주위를 자세히 살펴보십시오. 당신 곁에 계시는 하나님을 만나 볼 수 있을 것입니다.

☞ 영광 부족
-하나님은 우주 만물의 주인이십니다. 당신은 하나님의 자녀이자 하나님 나라의 대표입니다. 복음을 부끄러워하지 마십시오. 당신의 등 뒤엔 하나님

이 계십니다.

☞ 은사 부족
-하나님께서는 믿는 자에게 은사를 주셨습니다. 사랑의 은사, 찬양의 은사, 치유의 은사 등 은사는 다양합니다. 혹시 다른 사람이 가진 은사는 위대해 보이고 나 자신이 가진 은사는 초라해 보여 불만이 가득하진 않으십니까? 하나님께서는 각자에게 딱 맞는 은사를 주셨습니다. 자기에게 주어진 은사에 대해 감사하고, 그 은사를 잘 개발하여 많은 열매를 거두시기 바랍니다.

능력 있는 삶을 위한 조언

다윗은 골리앗과의 싸움에서 돌멩이 하나로 승리했습니다. 언뜻 보면 성도는 세상을 이길 수 없는 것처럼 보이지만 세상이 알지 못하는 하나님의 무기를 갖고 있기 때문에 세상을 이길 수 있는 것입니다. 성도는 하나님의 무기로 무장해야 하는데 성경에서는 그것을 하나님의 전신갑주를 입으라는 말로 표현했습니다.

진리의 허리띠-말씀의 이해
의의 흉배-예수 그리스도의 의를 입는 것
평안의 복음의 신-복음을 신을 신고 다니듯 선포해야 함
믿음의 방패-예수님의 보혈을 의지
구원의 투구-구원의 소망
성령의 검-하나님의 말씀

하나님의 전신갑주를 입을 때 백전백승할 수 있습니다.

나를 버려야 산다

인간의 본성은
말하기를 "나는 나 자신의 주인이다.
나는 나 자신을 즐겁게 할 수 있다.
나는 종이 되지 않을 것이다"라고 한다.
하지만 이 말에 대한 대답으로
그리스도께서는 "너는 너 자신의 주인이 아니다.
너는 자기 자신을 즐겁게 할 수 없다.
너는 종이 되어야 한다"라고 말씀하신다.

나를 버려야 산다

요한복음 12:24-26, 6:63
"자기 생명을 사랑하는 자는 잃어버릴 것이요
이 세상에서 자기 생명을 미워하는 자는 영생하도록 보존하리라."

전도의 일꾼은 바로 나!

하나님이 인간을 구원시키는 방법은 전도밖에 없습니다.

"하나님의 지혜에 있어서는 이 세상이 자기 지혜로 하나님을 알지 못하는 고로 하나님께서 전도의 미련한 것으로 믿는 자들을 구원하시기를 기뻐하셨도다"(고전 1:21).

전도의 일꾼은 사람뿐입니다. 전도를 해야 할 사람들이 바로 우리들입니다. 하나님께서는 전도의 미련한 방법으로 믿는 자들을 구원하시기를 기뻐하신다고 하셨습니다. 성령님은 복음을 통하여 역사하시는데 전도자가 복음을 전함으로써 성령님을 사람에게 소개할 수 있습니다. 전도자가 그 매개체인 것입니다. 복음은 큰 소리로 외칠 수도 있고 문서로도 전달될 수 있습니다. 그러나 그것 역시 사람이 매개체가 됩니다. 복음은 반드시 전도를 통해서만 전달됩니다. 그래서 우리가 아프리카 오지로도 가는 것이고, 도시나 농촌, 어촌으로도 가야 하는 것입니다.

"나 있는 곳에 나를 섬기는 자도 거기 있으리니"(요 12:26).

주님께서는 전도자를 기뻐하십니다. 전도자를 통하여 하나님의 사랑을 나타내십니다. 그리고 전도자에게는 주님과 동행하는 기쁨을 알게 하십니다. 그래서 전도를 해보지 않은 사람은 예수를 섬기는 것이 무엇인지 잘 알지 못합니다. 주님과 함께 동행하며 복음을 증거하는 자만이 주님을 섬기는 것임을 기억해야 합니다.

예배 중의 설교도 전도의 한 방법입니다. 선교학자들이 말한 바대로 바깥에 나가는 전도와 함께 설교는 안에서 하는 전도라고 볼 수 있기 때문입니다. 그러나 바깥으로 나가는 전도가 없어도 좋다는 것은 아닙니다. 나가서 전하는 전도는 반드시 이루어져야 합니다. 그 사명을 바로 우리가 감당해야 합니다.

유럽 교회는 전도를 잃어버렸습니다. 더 심각한 것은 예수께서 부활하신 것을 믿는 사람이 거의 없다는 사실입니다. 그것을 성경의 이야기로만 받아들입니다. 참 복음을 알고 있는 사람을 만나기 어렵습니다. 주님은 이러한 유럽 교회를 보시고 슬퍼하십니다. 우리는 주님이 오시는 날까지 복음에 대한 바른 인식을 놓치지 말아야 하겠습니다.

나는 하나님의 성전이다

우리는 효과적인 복음 전도를 위해 성령이 어떻게 역사하시는지, 그리고 우리가 무엇을 구해야 하는지, 우리의 필요가 무엇인지 알아야 합니다.

"너희가 하나님의 성전인 것과 성령이 너희 안에 거하시는 것을 알지 못하느뇨"(고전 3:16).

먼저 우리가 알아야 할 것은 우리 안에 성령이 계시므로 우리는 성전이라는 사실입니다. 하나님의 성전이므로 우리는 거룩해야 합니다. 거룩하지 못하면 하나님이 폐하신다고 하셨습니다. 하나님이 우리 안에 거하시므로 우리가 전도할 때 전도대상자에게 성령이 전달될 수 있는 것입니다.

하나님의 성전인 나는 거룩한 말을 하고, 거룩한 생각을 하고, 거룩한 삶을 살아야 합니다. 거룩한 하나님의 전이 타락해서는 안 됩니다. 성전이 세상의 타락한 것들을 사랑하여 취한다면, 그것은 하나님의 성전을 더럽히는 것이 됩니다. 더럽혀진 성전을 하나님은 멸하실 것입니다.

이것은 율법에 얽매이는 것이 아닙니다. 우리 안에 계신 성령이 거룩하시므로 우리가 성령님을 의지하고 살기만 하면 저절로 거룩한 삶을 살게 되는 것입니다. 그리고 세상이 주는 기쁨과는 비교할 수조차 없는 큰 기쁨을 누리게 될 것입니다. 거룩한 삶을 사모하십시오. 주님께 가는 그날까지 거룩하게 사시기 바랍니다.

하나님의 사람은 다른 사람에게 베풀면서 살아야 합니다. 우리 주님이 그러셨던 것처럼 말입니다. 직분이 높은 사람일수록 더욱 그러한 본을 보이시기를 바랍니다. 남에게 손을 벌리면서 살지 말고 남에게 손을 내밀어 주는 우리가 되어야 합니다.

영, 혼, 육, 그리고 영적인 사람

"하나님은 영이시니 예배하는 자가 신령과 진정으로 예배할지니라"(요 4:24).

하나님은 영이십니다. 하나님은 내 영 안에 계십니다.

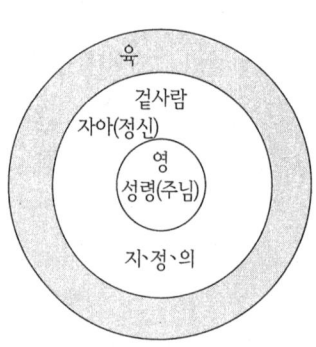

인간이 영혼과 육체로 되어 있다고 주장하는 사람도 있고, 영과 혼과 육체로 되어 있다고 주장하는 사람도 있습니다. 그러나 무엇이든 간에 우리는 이것들과 같이 살아갑니다. 영과 혼과 육이 따로 떨어져 있지는 않는 것입니다. 그러나 우리가 우리 안에 계신 성령을 말로 설명하기 위해서는 이것을 나누는 작업이 필요합니다.

인간은 영과 혼과 육으로 나뉘어집니다. 육을 겉사람, 영을 속사람이라고도 합니다. 그 중 하나님을 체험하는 것은 영입니다. 혼과 육은 하나님을 이해하지 못합니다. 이것이 이 세상 사람의 상태이며 태어나면서부터의 우리의 상태인 것입니다. 인간의 사고를 결정하는 것은 혼입니다. 혼은 지, 정, 의로 구성되어 있습니다. 우리의 정신적인 영역이 여기에 속하며 우리의 자아, 정신이라고도 말합니다.

우리의 영은 시간과 공간의 제약을 받지 않습니다. 그것을 초월합니다. 성령은 우리의 영에 계십니다. 우리가 예수님을 믿게 되면 죽었던 영이 다시 살아납니다. 성령의 역사로 죽었던 영이 살아나면 이 영이 하나님을 알아보게 됩니다. 복음을 증거한다는 것은 성령이 증거된다는 말입니다. 이때 중요한 것은 우리 영에 거하시는 예수를 말해야 한다는 것입니다. 우리 지식과 감정에 속한 예수를 전하는 것으로는 절대 상대방의 마음을 움직일 수 없습니다. 성령께서는 영에 거하시지 지식과 감정에 거하시는 것이 아니기 때문입니다.

물론 빌립보서 1:18에서 바울은 "그러면 무엇이뇨 외모로 하나 참으로 하나 무슨 방도로 하든지 전파되는 것은 그리스도니 이로써 내가 기뻐하고 또한 기뻐하리라"라고 말합니다. 그러나 참된 전도는 성령이 믿지 않는 이의 마음에 들어가심으로 그가 구원을 받는 것입니다. "살리는 것은 영이고 육은 무익한" 것입니다. 영이 영으로 전달되는 것입니다.

우리가 쉽게 경험하듯이 성령이 충만한 가운데 예수를 말할 때는 영이 영으로 전달이 되지만, 성령을 받지 못한 사람이나 성령 충만하지 못할 때 예수를 말하는 것은 전도대상자의 지식이나 자아만을 건드릴 뿐입니다. 혼에서 혼으로만 전달되는 것입니다. 육적인 예수는 또한 육적으로밖에 전달되지 못합니다. 그에게 성령이 전달되지 못하기 때문에 그에게 능력이 나타나지도 않습니다.

그러므로 우리는 내 안에 계신 성령이 자아에 갇혀 있을 때 자연스럽게 상대방에게 전달되지 못한다는 사실을 알아야 합니다. 그 사람은 전도자가 될 수 없습니다. 마음은 있어도 실제 성령이 나갈 수 있는 길이 없기 때문입니다. 자아가 성령을 가두고 있는 것, 이것이 문제입니다.

우리가 지금 바로 전도자가 되려고 한다면, 또 효과적인 복음 전도를 위해 필요한 것이 있다면 그것은 자아에 관계된 것들입니다.

우리의 자아가 깨져야 한다

자아가 깨어진 곳으로 성령이 나가실 수 있습니다. 전혀 깨어지지 않는, 깨어질 줄 모르는 자아를 가지고 있다면 그 사람은 전도에 대해 아무 관심도, 열정도 없을 것입니다. 예수님은 말씀하십니다.

"내가 진실로 진실로 너희에게 이르노니 한 알의 밀이 땅에 떨어져 죽지 아니하면 한 알 그대로 있고 죽으면 많은 열매를 맺느니라"(요 12:24).

전도의 열매를 맺지 못하는 이유는 우리가 씨앗 상태로 있기 때문입니다. 우리의 자아가 깨어진 적이 없는 까닭입니다. 죽지 않으려고 고집한다면 우리는 전도자가 될 수 없습니다. 아무리 나가서 예수를 전한다 해도 성령은 전달되지 못하는 것입니다. 실제적인 예를 들어보겠습니다.

"어제까지는 분명히 전도를 하려고 했습니다. 그것은 내 속에 계신 성령의 뜻이었습니다. 그런데 오늘 아침에 아내와 별일 아닌 것으로 다투었습니다. 그래서 기분이 상했습니다. 전도하려고 하는 마음은 온데간데없이 사라지고 말았습니다. 짜증나는 아침입니다."

성령의 역사가 막힌 것입니다. 그의 자아가 그것을 막은 것입니다. 한 알의 밀알은 예수님을 말하는 것이고, 그것이 썩음은 예수님의 죽으심과 부활을 말하는 것이지만, 또한 이와 같이 적용할 수 있습니다. 자아가 깨져야만 성령이 역사해서 상대방에게까지 도달하게 되는 것입니다. 영은 영에게 전달됩니다. 머리로 말하는 것은 아무 감동을 주지 못합니다. 성령의 능력을 불러일으키지 못합니다.

　완전히 자아가 깨진다는 것이 우리의 자아가 없어지는 것을 말하지는 않습니다. 우리의 자아, 개성, 우리의 지, 정, 의가 성령의 도구가 되는 것을 말합니다. 소멸되는 것이 아닙니다. 성령에 의해 자아가 지배될 때 자아는 성령이 하시는 일을 막지 않고, 하나님의 도구로 쓰이는 것입니다. 지배되지 않는 자아는 성령의 역사하심을 막습니다. 성령이 나아갈 수 있도록 자아를 깨뜨릴 때 성령이 자유롭게 역사하는 것입니다.

　인내와 수용과 관용이 있는 사람은 전도를 잘 합니다. 자아가 깨어진 사람이 사랑이 있다고 말하는 이유도 그렇습니다. 자아가 깨어지지 않은 사람은 꽉팍한 사람입니다. 가슴이 차가운 사람입니다. 즉, 사랑이 없는 사람입니다. 이런 사람은 전도자가 되기 어렵습니다. 그것을 깨뜨리십시오. 성령은 사랑이십니다. 그럼으로써 내 자아가 지배를 받을 수 있도록 해야 합니다.

영과 혼이 분리되어야 한다

　혼이 깨지면 영이 나갈 수 있게 됩니다. 그러나 그 깨진 부분의 혼이 영과 붙어 있을 때가 있습니다. 또 혼이 깨어졌지만 완전히 영과 분리된 경우가 있습니다. 만약 분리가 되지 않은 상태에서 예수님을 말할 때는 혼의 영향을 받아서 이야기하게 됩니다. 그것은 순수하지 못한 복음이 됩니다.
　그러나 완전히 분리되어 전해지는 복음은 순수합니다. 복음 그 자체를 순수하게 전할 때 비로소 그 사람이 예수를 믿게 되는 것입니다. 순수하지 못하다는 것은 순수하지 못한 동기를 가지고 예수를 믿는 사람들을 의미합니다. 이 사람들은 자기 이익이나 욕망을 채우기 위해 복음을 전합니다. 성령의 역사가 있기는 하지만 거기에 그 사람의 생각이 개입되어 있는 것입니다. 우리 속에 그런 부분이 너무 많습니다. 이런 전도자를 만난 전도대상자는 경계하게 됩니다. 이 사람이 나를 이용하려 하는 것 같다고 느낍니다.

어떤 지역에 아파트가 세워지면 그 지역의 교회들이 그 아파트를 공략합니다. 심지어 다른 교회의 잘잘못을 따지거나 서로간의 영역을 운운하기도 합니다. 그것은 그 지역 영혼을 진정 구원하려는 뜻으로 보기 힘듭니다. 사람들을 끌어가서 교회의 재산 목록에 올리려는 것으로밖에 이해될 수 없습니다. 정말 순수한 마음으로 복음을 전해야만 믿는 사람들이 일어나는 것입니다. 전도의 문이 열리는 것입니다.

과연 저 사람이 어느 교회로 가야 효과적으로 신앙 생활을 잘 할 수 있을지, 어느 교회에 가서 배우는 것이 좋을지를 생각할 수 있어야 합니다. 그것이 꼭 우리 교회여야 한다는 생각을 버려야 합니다. 다른 무엇보다 영혼을 귀하게 여겨야 합니다. 순수하지 않은 마음은 불신자가 너무나 잘 느끼고 안다는 사실을 깨닫기 바랍니다.

겉사람과 속사람이 분리되지 않은 사람은 외부의 영향을 받아 신앙생활을 제대로 하지 못하게 될 것입니다. 삶 가운데 어려운 일이 조금만 생겨도

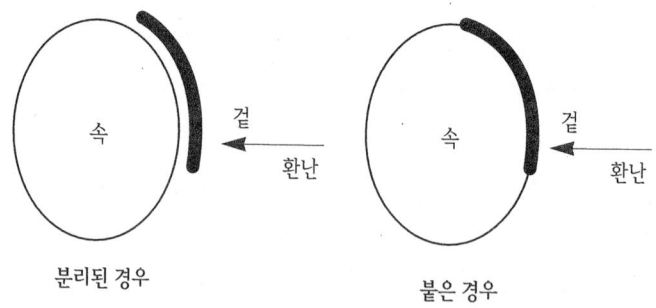

그 영향을 받게 된다는 것입니다. 살아갈 때 어려운 일은 생기기 마련입니다. 그것이 비록 겉사람에게는 늘 전달된다 해도 속사람까지 영향을 미쳐 좌지우지 할 수 없게 되어야 한결같은 신앙을 갖게 되는 것입니다. 이는 겉사람과 속사람이 완전히 분리된 사람만이 누릴 수 있습니다. 오히려 속사람이 더욱 강건한 사람만이 누릴 수 있는 특권입니다.

주위의 사람들이 자기를 비웃어도, 자기에게 견디기 힘든 일이 생길지라도 속사람과 겉사람이 분리되었다면 복음을 생명력 있게 전할 수 있게 되는 것입니다. 하나님의 말씀을 전하는 마음은 순수해야 합니다. 그러한 것들에 아무런 영향을 받지 않아야 합니다. 하나님의 말씀은 순수한 것이며 순수하게 전해질 때 복음의 능력이 나타납니다. 그것이 사람들을 변화시킵니다. 아무 장애물이 없이 성령이 일하실 때 능력이 나타나는 것입니다. 그런 이상(理想)을 가지고 기도하시기 바랍니다.

자아 깨부수기

영에 의해 나의 자아가 깨어져야 성령충만한 사람이 됩니다. 그러한 사람이 능력있는 전도자가 될 수 있습니다. 세상 프로그램에 적응되어 있는 내 자아가 새로워지고, 성령에 의해 감정이 달라지고, 성격 급한 것이 바뀌고, 함부로 말하는 것까지도 바뀌는 것, 이것이 변화된 모습입니다. 그러나 사탄이 계속 내 혼에 벽을 쌓기 때문에 영이 말하는 것을 받아들이지 않으면 변화하지 못합니다. 영이 내 속에서 자라나지 않습니다. 그러므로 자아를 깨뜨려야 하는 것입니다.

자아깨기 하나 / 자신의 실제 모습을 깨달을 수 있어야 한다

나의 본질, 본래의 모습은 성령만이 보여주실 수 있습니다. 성령께서 그 밑바닥까지 보여주시기를 기도해야 합니다. 자신의 모습을 깨달아 볼 수 있어야 하며, 내가 어떤 사람인지 왜 그런지를 알아야 합니다. 이러한 자기의 본질을 놓고 기도할 때 깨달을 수 있습니다.

자아깨기 둘 / 어떤 환경이라도 감사해야 한다

환경은 성령의 훈련장입니다. 어떤 환경이라도 거부하는 것이 아니라 수용할 수 있어야 합니다. 모든 환경은 하나님이 허락하신 것이기 때문입니다. 하나님께서 극복하며 견디라고 주신 환경이고 사람들인 것입니다. 나를 힘들게 하는 사람은 하나님이 주신 교사입니다. 이 교사를 통해 하나님의 테스트를 잘 감당해야 합니다.

자아깨기 셋 / 어떤 부딪힘 속에서도 자신을 옹호하지 말아야 한다

일단 자신의 잘못을 인정해야 합니다. 내가 잘못하지 않았다 해도 일단은 잘못했다고, 미안하다고 하십시오. 누가 잘못했는지는 주님이 다 아십니다. 그렇기 때문에 먼저 미안하다 말해도 억울할 것 없습니다. 위신이 떨어지는 것이 아닙니다.

자아깨기 넷 / 자기 십자가를 져야 한다

내가 하기 싫은 일이라도 옳은 일이라면 해야 합니다. 가장 하기 싫은 일이 자아가 깨어지는 일일 것입니다. 어떤 사람의 경우, 전도가 바로 자기 십자가일 수도 있습니다. 전도하기가 겁이 나고 싫더라도 해야 합니다. 이것은 십자가를 지는 일입니다.

자아깨기 다섯/하나님의 임재를 놓치지 말아야 한다

하나님과 함께라야만 자아가 부인되는 아픔을 넉넉히 감당할 수 있습니다. 하나님이 임재하시면 우리가 아픔을 겪지 않습니다. 하나님이 나와 함께하셔서 나를 위로하시고 보호하시고 치유하시기 때문입니다.

자아깨기 여섯/날마다 십자가를 묵상해야 한다

삶 속에서 주님이 지신 십자가를 나도 지고 살아야 합니다. 주님이 죽으실 때 나도 죽어야 합니다. 십자가는 죽음의 틀입니다. 우리는 아침에 눈을 뜨면서 '자아가 죽어야지'라고 스스로에게 확인해야 합니다. 늘 십자가를 묵상하십시오. 십자가를 붙잡고 사십시오. 그래야 자기의 자아가 깨어지게 됩니다.

마음을 톡톡 두드리는 핵심 요약

1. 속사람이란 영, 혼, 육 중에서 어떤 것입니까?

-영

2. 당신에게 있어서 깨부수기 어려운 자아가 무엇인지 적어보십시오.
(예, 참지 못함, 함부로 말함, 사랑 없음, 질투, 혈기부림 등등)

3. 자아가 깨어지기 위해서 지각해야 할 것들은 무엇입니까?

-자기의 실제 모습을 깨달아야 한다.
-어떤 환경이라도 감사해야 한다.
-자기 십자가를 져야 한다.
-하나님의 임재를 놓치지 말아야 한다.
-십자가를 묵상해야 한다.
-어떤 부딪힘 속에서도 자신을 옹호하지 말아야 한다.

능력 있는 삶을 위한 조언

신앙생활을 잘못하면 인본주의에 빠지게 됩니다. 자아를 키우게 됩니다. 혼자 기도하면 다 되는 것 같은 영적 교만에 빠지기도 합니다. 그러면 자기에게 속은 것이며 올무에 빠진 것입니다. 만일 그러한 모습의 자기를 깨닫지 못하면, 자아를 부인하지 않으면 하나님이 쳐서 깨뜨리십니다. 그 대상은 자식이 될 수도 있고 남편 혹은 자기 자신이 될 수도 있습니다. '자기를 부인하는 비밀'을 깨달아야 합니다. 영의 통로가 막히지 않아야 합니다. 성령님에 의해 자아가 재훈련 받아야 합니다.

들릴라를 사랑하지 말라

모든 것을 가졌어도

당신이 없다면 내가 가진 것이 무엇이겠습니까?

당신이 없다면 나의 수고는 무엇이 되겠습니까?

당신만이 나의 기쁨, 내가 무엇을 더 바라겠습니까?

나는 바다도 바라지 않고, 땅도 바라지 않습니다.

나는 또 하늘을 소유하기를 바라지 않습니다.

당신이 없는 하늘이라면!

들릴라를 사랑하지 말라

사사기 16:15-30

"삼손이 여호와께 부르짖어 가로되 주 여호와여 구하옵나니 나를 생각하옵소서 하나님이여 구하옵나니 이번만 나로 강하게 하사 블레셋 사람이 나의 두 눈을 뺀 원수를 단번에 갚게 하옵소서 하고."

전도, 힘의 싸움

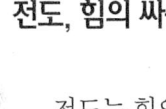

전도는 힘의 싸움입니다. 하나님의 은혜와 사랑으로 전해야 한다고 말하지만 그것 역시 힘을 의미합니다. 하나님의 사랑과 은혜의 뿌리는 힘이며, 이 힘은 이 땅을 살아가는 원동력이 됩니다. 전도를 못하는 이유는 힘이 없기 때문이며, 어떻게 하면 전도를 잘 할 수 있을까 고민하는 것은 어떻게 하면 힘을 얻을까 고민하는 것과 같습니다. 전도할 힘이 없는데도 무리하게 인간적인 방법으로 전도하려고 하면 오히려 좋지 않은 결과가 나타납니다.

준비된 등불이 있어야 신랑을 맞이할 수 있듯이 힘을 지니고 있을 때 주님이 맡기시는 일들을 감당할 수 있는 것입니다.

"오직 여호와를 앙망하는 자는 새 힘을 얻으리니 독수리의 날개치며 올라감 같을 것이요 달음박질하여도 곤비치 아니하겠고 걸어가도 피곤치 아니하리로다"(사 40:31).

신구약을 통틀어 볼 때 힘의 상징으로 떠오르는 사람 중 하나가 이스라엘의 마지막 사사였던 삼손입니다. 사사는 왕권과 신권을 같이 공유한 사람입니다. 하나님으로부터 힘을 얻어 세상을 다스리는 사람인 것입니다. 목회자들도 엄격히 말하면 사사라고 할 수 있습니다. 하나님으로부터 은혜를 받아 세상 사람들을 건지고 그들을 이끌어야 할 책임이 있기 때문입니다.

삼손은 많은 사사들 중에서도 특별히 더 큰 힘을 소유했습니다. 맨손으로 사자를 쓰러뜨리며 나귀의 뼈를 가지고 수많은 사람들을 죽일 수 있을 만큼 큰 힘을 가지고 있었습니다. 하나님이 그에게 엄청난 힘을 허락하셨기 때문이었습니다. 더 정확히 말하면 그가 나실인, 즉 선택받은 사람이었기 때문입니다.

선택받은 사람의 세 가지 조건

하나님을 의지하라

하나님께서는 머리에 삭도를 대지 말라고 하셨습니다. 머리가 힘의 근원이기도 했으나 이것은 상징적인 것이었습니다. 머리카락을 자르지 않는 것의 의미는 '너의 모든 것이 하나님으로부터 온다'는 것입니다. 머리에서 모든 힘의 근원이 온다는 것은 하나님이 힘의 근원이시고, 그의 머리시라는 것입니다.

세상 것을 버리라

시체를 만지지 말라는 것은 더러운 것과 구별되라는 말씀입니다. 성경에서는 없어지는 것, 죽는 것, 썩어지는 것을 더럽다고 여겼습니다. 이것은 거룩한 것의 반대였습니다. "그 바라는 것은 피조물도 썩어짐의 종노릇한 데서 해방되어 하나님의 영광의 자유에 이르는 것이니라"(롬 8:21)고 말씀하시는 까닭도 여기 있습니다. 우리는 이 세상 것은 모두 썩어진다는 사실을 믿어야 합니다.

세상에 취하지 말라

독주를 마시지 말라고 하신 것은 세상에 취하지도 빠지지도 말라는 의미입니다. 세상에 있는 더러운 질곡을 조심하라는 것입니다.

들릴라를 경계하라

나실, 나지로, 나사로는 모두 같은 어원입니다. 나실인은 구별된 사람, 즉 거룩한 사람입니다. 세상에서 구별된 자입니다. 하나님만 바라보고 살아가는 사람입니다. 이러한 나실인과 그 의미가 같다고는 할 수 없지만 비슷한 말로서 '성도'라는 말이 있습니다. 성도는 '구별된 무리'라는 뜻입니다. 그러므로 성도된 우리는 나실인처럼 구별된 삶을 살아야 합니다.

삼손은 머리카락이 잘렸습니다. 이것은 하나님이 떠나셨다는 말입니다. 하나님이 떠나신 후 삼손은 두 눈이 빼어지고 쇠사슬에 묶이고 연자 맷돌을 돌리며 세상에서 비참하게 살게 되었습니다.

오늘날 우리에게 힘이 없는 이유는 하나님과 함께하는 삶을 살지 않기 때문입니다. 머리되신 하나님을 의지하지 않으니 능력 있는 삶을 살지 못하는 것입니다. 이러한 삶은 성령을 근심시키며 더 나아가 성령을 소멸시킵니다. 하나님이 우리와 함께하지 않으시면 우리는 한 마디로 끝입니다. 우리는 신앙의 머리카락을 자르지 말아야 합니다. 우리의 머리 되신 하나님을 전적으로 의지해야 합니다.

삼손이 머리카락이 잘린 이유는 들릴라를 사랑했기 때문입니다. 들릴라에게 마음을 빼앗겼기 때문입니다. 들릴라는 바로 세상의 상징이고, 쾌락의 상징이고, 더러움의 상징이고, 썩어짐의 상징입니다. 우리의 마음을 빼앗기 위해 세상이라는 들릴라는 두 눈을 부릅뜨고 있는 것입니다.

"들릴라가 삼손에게 이르되 당신의 마음이 내게 있지 아니하면서 당신이 어찌 나를 사랑한다 하느뇨 당신이 이 세 번 나를 희롱하고 당신의 큰 힘이 무엇으로 말미암아 있는 것을 내게 말하지 아니하였도다 하며" (삿 16:15).

들릴라는 인간의 마음으로 파고들어 옵니다. 들릴라로부터 지켜야 하는 것은 마음입니다. 하루에도 수십 번씩 찾아오는 들릴라를 막아야 합니다.

"날마다 그 말로 그를 재촉하여 조르매 삼손의 마음이 번뇌하여 죽을 지경이라"(삿 16:16).

삼손은 마음이 번뇌하여 죽을 지경이라는 말을 합니다. 갈등이 넘치는 사람의 고백입니다. 힘의 원리는 단순합니다. 너무 생각이 많으면 힘을 제대로 쓸 수 없습니다. 잡동사니를 안고 살면 힘이 모아지지 않습니다. 만일 마음이 평안하지 않다면 내 마음을 가득 채우고 있는 그것이 무엇인지를 찾아내야 합니다.

하나님은 당신의 원리와 계획대로 모든 것을 인도하시는 분이십니다. 중요한 것은 우리의 마음을 지키는 것입니다. 일일이 다 쫓아다니지 않아도, 마음 쓰지 않아도 되는 일들을 마음속에 복잡하게 채워둘 필요가 없습니다. 정말 중요한 것은 우리가 지금 선택받은 사람답게 살아가고 있느냐는 것입니다.

"마음이 번뇌하여"라는 것은 마음이 나뉘어졌다는 말입니다. 들릴라가 한 번만 우리들 마음에 들어오면 우리 개개인의 마음을 갈기갈기 찢어놓을 수 있습니다. 마음을 조각내는 것입니다. 그러면 우리의 영혼은 비참해지며 힘을 쓸 수 없습니다. 인간의 모든 힘의 원천은 마음입니다. 물론 여기서의 힘은 영적인 것이지만, 그것이 분출되어 나타나는 곳은 마음입니다. 그러므로 마음이 나뉘어지면 힘을 발휘하지 못합니다.

우리가 기도할 수 없는 이유도 힘이 없는 까닭입니다. 마음이 나뉘어져 있기 때문입니다. 기도를 하고 싶지만 5분 이상 할 수 없는 사람은, 기도의 능력을 맛보지 못한 사람은 마음이 나뉘어진 줄 알아야 합니다.

전도, 사랑의 최고봉

들릴라를 들어오지 못하게 하는 것은 마음을 지키는 소극적인 방법입니다. 우리에게는 좀더 적극적인 방법이 필요합니다. 그것은 하나님을 사랑하는 것입니다. 우리가 무엇을 하든지 어떤 위치에 있든지 얼마만한 지식이 있든지 그것은 중요하지 않습니다. 그것들이 우리의 마음을 지켜주지 않습니다. 우리를 지켜주는 것은 하나님을 사랑하는 그것입니다. 하나님을 사랑할 때 들릴라는 들어올 수 없습니다. 인간은 두 가지를 사랑할 수 없기 때문입니다.

그러면 하나님을 사랑한다는 것은 무엇입니까? 그것은 인간의 영혼을 사랑하는 것입니다. 인간의 영혼을 사랑하는 가장 중요한 표현 방법은 전도입니다. 성경의 주제는 한 마디로 사랑이며, 그 사랑은 하나님의 사랑과 인간의 사랑입니다. 그 두 가지를 합치면 전도입니다. 영혼이 구원받는 일입니다. 봉사도 중요하고 구제도 중요합니다. 천하보다 귀한 영혼을 천국에 가도록 이끄는 것 이상으로 하나님을 사랑하는 중요한 표현 방법은 없는 것입니다. 다시 말해서, 영혼을 사랑하려고 몸부림치는 사람이라면 그 사람은 하나님의 사랑에서 끊어질까 염려할 필요가 없는 것입니다. 끊어질 수가 없기 때문입니다. 그런 사람에게는 들릴라가 들어올 수 없습니다. 전도하려고 하는 사람, 영혼을 구원하는 데 관심 있는 사람은 들릴라가 틈탈 수 없습니다. 다른 데 생각을 모으는 사람들에게 들릴라가 들어가는 것이고 번뇌가 생기는 것입니다. 돈이나 쾌락, 안락함이나 지식 같은 주변적인 것에 의미를 두지 마십시오. 그런 것은 아무 의미가 없습니다.

우리는 주님이 오시는 날까지 영혼을 구원하는 일에 힘을 쏟아야 합니다. 우리는 어디서부터 들릴라가 들어오는지 살피고 어디서부터 막아야 할까 궁리할 필요가 없습니다. 하나님을 사랑하면, 하나님을 사랑하는 데로 나아가면 자연히 사랑 안에 강해지는 것입니다. 들릴라를 생각할 시간도 없습니다.

무슨 일을 하든지 하나님을 사랑하십시오. 하나님을 사랑하게 하는 것이 아니면 다 가짜입니다. 하나님을 사랑하는 마음이 없다면 그 사람이 쌓은 어떤 것도, 아무리 위대하다 할지라도 아무 의미가 없습니다. 하나님을 사랑하는 것이 구체적으로 무엇인지 모르겠다면 영혼을 사랑하면 됩니다. 다른 사람을 천국 가도록 인도하면 됩니다. 전도하는 사람처럼 순수한 사람은 없습니다. 그것이 우리를 지키는 일입니다.

"들릴라가 가로되 삼손이여 블레셋 사람이 당신에게 미쳤느니라 하니 삼손이 잠을 깨며 이르기를 내가 전과 같이 나가서 몸을 떨치리라 하여도 여호와께서 이미 자기를 떠나신 줄을 깨닫지 못하였더라"(삿 16:20).

하나님이 이미 떠나셨는데 하나님이 떠난 줄을 모르고 있는 사람들이 있습니다. 뭔가 열심히 하려고는 하지만 그 안에 하나님의 사랑이 없는 사람들이 있는 것입니다.

"그러므로 하나님의 전신갑주를 취하라 이는 악한 날에 너희가 능히 대적하고 모든 일을 행한 후에 서기 위함이라"(엡 6:13).

"능히 대적하고 모든 일을 행한 후에 서기 위함이라"라고 하는 것은 "쓰러지지 않기 위함"이라는 의미입니다. 싸우고 넘어지면 승리하기 힘듭니다. 멀리뛰기에서 아주 멀리 앞으로 나갔다 하더라도 뒤로 넘어지면 승리하기 힘든 것과 같습니다. 우리는 서야 합니다. 우리가 하나님 앞에 큰 일을 하고도 넘어지지 않는 비결이 있는데 그것은 하나님의 사랑이 우리 마음속에 있는 것입니다.

하나님을 떠난 사람에게 일어나는 일

우리는 사람이 하나님을 떠나면 어떤 일이 일어나는지를 알 필요가 있습니다.

하나님의 영이 떠난다

삼손의 머리카락이 잘린 후 하나님께서는 그를 떠나셨습니다. 하나님의 영이 떠난 것입니다. 그리고 두 눈을 잃었습니다. 하나님의 감동이 떠나면 장님이 됩니다. 영적 장님이 된다는 것입니다. 하나님이 그 마음에서 떠나면 성경을 아무리 보아도 소용이 없는 것입니다. 그럴 때는 성경을 덮으십시오. 성경을 덮고 골방으로 들어가 기도하십시오. 영안이 어두워지면 세상은 잘 보이지만 하나님은 보이지 않습니다. 어떻게 해야 할지, 무엇을 해야 좋을지 모르는 것입니다. 만일 목회자가 이런 장님이라면 장님이 장님을 이끄는 상황이 생기는 것입니다. 이렇게 두 눈이 뽑힌다는 것은 실로 엄청난 일인 것입니다.

모든 것에 속박을 당한다

삼손 시대에서 가장 질긴 끈이 놋줄이었습니다. 삼손은 가장 강한 줄로 매인 것입니다. 이 말은 속박을 당했다는 것입니다. 감옥과 다를 바가 없습니다. 하나님을 사랑하는 데서 떠난 형벌입니다. 들릴라가 속삭이며 다가온 사람은, 들릴라가 쓰러뜨리고자 애를 쓴 사람은 힘이 남다른 삼손이었습니다. 하나님의 사람이었습니다. 그가 힘이 특출나게 세고 뛰어나지 않았다면 노리지 않았을 것입니다.

여러분에게 남들보다 잘하는 것이 있다면, 그것에 대해 오히려 겸손해야 합니다. 그 부분 때문에 교만에 빠지고, 그 부분을 자랑하다가 오히려 하나님에게서 멀어지는 경우가 얼마나 많은지 모릅니다. 누구 때문에 그것을 갖게 되었는지, 그 힘의 자랑의 근원이 누구인지를 잊는다면 그 사람은 들릴라의 밥이 되는 것입니다.

짐승과 같은 생활을 한다

연자 맷돌은 소나 말이 돌리는 것입니다. 사람이 돌리는 것이 아닙니다. 삼손이 이것을 돌렸다는 것은 짐승이나 마찬가지라는 뜻입니다. 들릴라와 같이 생활하면 우리들은 짐승처럼 살 수밖에 없습니다. 겉은 신앙인이나 짐승 수준인 채로 살게 되는 것입니다.

우리는 어디까지 비참하게 될 수 있는지를 알아야 합니다. 우리가 왜 이렇게 땅에 매여서 살아야 되는지를 알아야 합니다. 우리가 어떤 모습으로 살고 있는지를 보아야 합니다. 우리가 세상에 매여서 사는 이유는 바로 우리의 들릴라를 막지 못해서입니다. 하나님을 온전히 사랑하지 않기 때문이라는 것입니다. 정말 진정으로 영혼을 사랑하는 그 마음으로 돌아가야만, 그 삶으로 돌이킬 때에만 들릴라를 막을 수 있습니다. 우리가 처할 수 있는 인생의 어려운 상황을 이기는 방법은 한 가지입니다. 그것은 오직 영혼을 구원하는 하나님 사랑에 마음을 모으는 일입니다. 이 세상 어느 것도 하나님을 사랑하는 사람을 막지 못합니다.

세상의 노리갯감이 된다

가장 비참한 데까지 이른 것입니다.

"그들이 마음이 즐거울 때에 이르되 삼손을 불러다가 우리를 위하여 재주를 부리게 하자 하고 옥에서 삼손을 불러내매 삼손이 그들을 위하여 재주를 부리니라 그들이 삼손을 두 기둥 사이에 세웠더니"(삿 16:25).

얼마 전까지 삼손은 그 나라 최고의 장수였습니다. 삼손을 당해낼 자가 없었습니다. 그런데 지금은 사람들 앞에서, 그것도 원수들 앞에서 재주를 부리고 있습니다. 목회자가 목회자로서의 힘이 없으면, 성도가 성도로서의 힘을 잃으면 세상에서 이렇게 짓밟히는 것입니다. 세상이 보고 손가락질하는 것입니다. 성도가 성도답게 살지 않으면 세상 사람이 멸시합니다. 세상 사람이 무시하고 밟습니다. 우리는 믿지 않는 이들에게도 칭찬을 받아야 합니다. 초대교회 성도들은 세상 사람들에게 칭찬을 받았습니다. 우리도 신앙의 선배들처럼 칭찬받아야 합니다. 그래야 복음이 전파되는 것입니다.

"너희는 세상의 소금이니 소금이 그 맛을 잃으면 무엇으로 짜게 하리요 후에는 아무 쓸데없어 다만 밖에 버리워 사람에게 밟힐 뿐이니라 너희는 세상의 빛이라 산 위에 있는 동네가 숨기우지 못할 것이요"(마 5:13-14).

우리는 세상의 빛이기 때문에 당연히 빛을 발해야 합니다. 세상 사람들이 의지하는 것들을 의지하면 결국 세상 사람들에게 밟힐 수밖에 없습니다. 세상에 있는 것들은 사람들도 다 알고 있으며, 그들 스스로 누리고 있는 것들입니다. 그러므로 세상의 것들에 의지하면 밟히기 시작하는 것입니다. 우리는 영적인 진리와 능력에 의지해야 합니다.

세상이 감히 손댈 수 없는 힘이 우리에게 있습니다. 그 힘의 원천은 바로 하나님이십니다. 세상이 성도들을 주목하고 있습니다. 성도들 안에 뭔가 다른 게 있다고 주시하고 있는 것입니다. 그것이 구별된 하나님의 백성의 삶입니다.

우리는 나실인으로, 하나님이 함께하시는 사람으로, 그 증거를 가슴에 안고 있는 사람으로 능력 있게 살아야 합니다. 하나님이 살아 계신 증거를 가진 사람으로 살아야 합니다. 세상이 그 힘을 보고 칭찬할 수 있는 사람으로 살아야 하는 것입니다.

잃어버린 하나님을 찾기 위한 몇 가지 조언

그러면, 어떻게 하면 들릴라를 내몰고 내 안에 잃어버린 하나님의 자리를 회복할 수 있겠습니까?

"삼손이 여호와께 부르짖어 가로되 주 여호와여 구하옵나니 나를 생각하옵소서 하나님이여 구하옵나니 이번만 나로 강하게 하사 블레셋 사람이 나의 두 눈을 뺀 원수를 단번에 갚게 하옵소서 하고"(삿 16:28).

주께 나아가 부르짖어라

하나님께 나아가 부르짖어야만 잃어버린 머리카락을 다시 찾을 수 있습니다. 주께 나아가야 합니다. 부르짖어야 합니다. 우리는 잃어버린 것만 한탄하고 찾으려 하지 않는 경우가 많습니다. 주님께 나아가지 않습니다. 그러나 하던 일을 중단하고 주님께 나아가야 합니다. 내가 아무리 해도 안 된다는 것을 인정해야 하는 것입니다.

한 번의 기회를 구하라

삼손은 "이번만 나로 강하게 하사"라고 말합니다. 한 번의 기회를 구하고 있는 것입니다. 다음에 또 하겠다는 각오가 아니라 이번에 하겠다는 것입니다. 자꾸만 꼬리를 늘어뜨리고 눈치를 보는, 계속해서 기회를 보는 것은 진정한 회개가 아닙니다. 회개란 다시는 그러지 않겠다는, 한 번만 기회를 달라는 간절한 외침인 것입니다. 그렇지 않으면 죽으리라는 각오입니다. 그래야만 회개를 통한 하나님의 역사를 맛볼 수 있는 것입니다. 진정한 회개가 없다면, 죄악에 대한 절망이 없다면 마음 깊은 곳에는 늘 반복해서 잘못할 생각이 숨어 있는지도 모릅니다.

회개하십시오. "다시는 기회가 없습니다"라고 기도하십시오. '다음에 또 다른 방법이 있겠지' 라는 생각은 버리십시오. 더 이상은 없습니다. 이번이 아니면 죽습니다. 오늘만 날이 아니고 기회는 얼마든지 많다는 생각, 인간이 본래 죄악되기 때문에 어쩔 수 없다는 생각을 버리십시오. 만일 그렇게 마음을 먹는다면 우리들은 더 오랫동안 연자 맷돌을 돌리고 놋줄에 매여 재주를 부리며 살아야 한다는 것을 알아야 합니다.

죽기를 두려워하지 말라

세상 좋아하고, 교만하고, 타락하고, 음란하고, 이기적인 나의 옛사람을 이번에는 같이 죽이겠다고 결심해야 합니다. 이것이 참된 회복입니다. 나를 죽이고 그 회복의 기회를 달라고 기도해야 합니다. 삼손은 이제 영원한 하나님과 함께하는 것이, 다시 하나님을 마음에 되찾는 것이 그가 죽는 것보다 나음을 고백합니다.

삼손이 "죽을 때에 죽은 자가 살았을 때 죽인 자보다 더욱 많더라"(삿 16:30)라는 결과를 얻은 까닭이 여기에 있습니다. 지금까지 살아온 삶의 열매보다 내가 죽으므로 얻은 열매가 더욱 많다는 것입니다. 더 큰 역사가 있는 것입니다. 우리는 십자가에서 죽음으로 말미암아 부활의 능력으로, 한 알의 밀이 떨어져 썩음으로 많은 열매를 맺는 그 축복을 누릴 수 있는 것입니다. 죽지 않으면 얻을 수 없는 기회입니다.

"그의 머리털이 밀리운 후에 다시 자라기 시작하니라"(삿 16:22).

삼손이 고통받고 있을 때, 삼손이 바뀌어지고 있을 때 머리털이 자라고 있었습니다. 하나님이 일하기 시작하신 것입니다. 하나님의 긍휼은 끝이 없습니다.

우리만이 우리의 들릴라를 압니다. 들릴라를 사랑하지 마십시오. 하나님을 사랑하십시오. 하나님을 사랑할 때에 세상이란 이름의 들릴라를 이길 수 있습니다.

마음을 톡톡 두드리는 핵심 요약

1. 선택받은 사람이 갖추어야 할 세 가지는 무엇입니까?

- 하나님을 의지한다.
- 세상 것을 버린다.
- 세상에 취하지 않는다.

2. 성도가 하나님의 백성으로서의 능력을 잃어버리는 이유는 무엇입니까?

- 들릴라, 곧 세상을 사랑했기 때문이다.

3. 세상이 마음속에 들어오지 못하게 하는 소극적인 방법과 적극적인 방법은 각각 무엇입니까?

- 소극적 — 마음을 지킨다.
- 적극적 — 하나님을 사랑한다.

4. 하나님을 떠난 사람에게 일어나는 일은 무엇입니까?

- 하나님의 영이 떠난다.
- 모든 것에 속박당한다.
- 짐승과 같은 생활을 한다.
- 세상의 노리갯감이 된다.

5. 잃어버린 하나님을 찾기 위해 어떻게 해야 합니까?

- 하나님께 부르짖는다.
- 한 번의 기회를 구한다.
- 죽기를 두려워하지 않는다.

능력 있는 삶을 위한 조언

원주부터 그리기 시작해서는 완전한 원을 그릴 수 없습니다. 먼저 컴퍼스의 다리 하나를 원의 중심에 고정시켜야만 합니다. 그리고 원을 그려야 제대로 그릴 수 있습니다. 여러분이 살고 있는 주위 환경을 개선함으로써 그리스도인이 되려고 애쓰지 마십시오. 그리스도를 당신의 삶의 중심에 들어오게 하십시오. 그러면 그분이 당신이 살고 있는 주변을 개선해 가실 것입니다. 삶이 깨끗이 교정될 것입니다.

제 3 부
어두움의 줄을 끊어내라—전도의 방법

전도는
사탄의 영향력을
자르는 가위입니다.
사랑하는 가족,
이웃을 위해
전도라는
이름의
가위를
잡으십시오.

흑암의 줄을 끊어주는 전도

본연의 나,

잃어버렸던 나를

찾는 것,

즉

내가 나되는 것이

인생의 해답을

찾는

길이다.

흑암의 줄을 끊어주는 전도

창세기 3:8-21, 로마서 6:12-17
"너희 자신을 종으로 드려 누구에게 순종하든지 그 순종함을 받는 자의 종이 되는 줄을 너희가 알지 못하느냐 혹은 죄의 종으로 사망에 이르고 혹은 순종의 종으로 의에 이르느니라."

예수님의 이름으로 흑암의 줄을 끊으라

저는 시골에서 살았었습니다. 그런데 일이 풀리지 않는 집은 계속 안 풀리고 일이 잘 풀리는 집은 계속 잘되는 것을 보며 참 이상하다고 생각했습니다. 엎어지면 코가 깨진다는 말은 맞습니다. 그런데 안 풀리는 집안은 엎어지면 뒤통수도 깨집니다. 이상하게도 아버지가 술주정꾼이면 아들도 술주정꾼, 아버지가 노름쟁이면 자식도 노름쟁이, 아버지가 암으로 죽으면 자식도 암이 걸립니다. 물론 이러한 것이 꼭 들어맞는 것은 아니었지만 저에게 의심을 주기에는 충분했습니다.

그 당시 저는 교회에 다니기 전이었는데, 우리 동네에 흑암이 가득한 것을 체험했습니다. 사람들이 맥을 못추고 삽니다. 꿈도 없고 술, 노름에 찌들어 살고 있었습니다. 고향을 떠나 서울로 가서 공부하게 되었을 때 저는 서울은 무언가 다를 것이라 생각했습니다. 그러나 서울 살면서 저는 제 속을 지배하고 짓누르고 있는 것이 서울의 정서가 아니라 고향 정서임을 알게 되었습니다.

또 저는 병에 걸려 10여 년을 앓았습니다. 죽음의 문턱에까지 갔습니다. 제가 살아날 것이라는 걸 믿는 사람은 아무도 없었습니다. 저는 남에게 해를 끼치거나 악을 행한 적이 없었기 때문에 왜 몹쓸 병이 걸렸는지 억울하기만 했습니다. 그러다 누군가 교회로 저를 인도하는 바람에 하나님을 믿게 되었습니다. 그러면서 다 죽어가던 내 육체에 한 가닥 실낱같은 희망이 비춰졌습니다. 예수님을 믿으면 살 것 같다는 생각이 들었습니다. 그리고 살아났습니다.

제가 목사가 된 후 강원도 설악면이라는 곳에 부흥회를 간 적이 있습니다. 거기서 저는 큰 충격을 받았습니다. 전문대를 졸업하고 축구를 하는 청년이 있었는데 2년 전부터 다리가 약해지기 시작했답니다. 제가 그의 다리를 보니 힘이 없어져 문어다리 같았습니다. 눈동자를 보니 아무런 희망이 없었습니다. 저를 보라고 했더니 보지도 않고 천장만 쳐다보고 있었습니다. 놀라운 사실은 그 청년만 그런 게 아니라 그 청년의 동생도 똑같은 증상으로 다리가 약해져 가고 있다는 것이었습니다. 유명한 병원 어디를 가도 그 병명을 모른다고 했습니다.

게다가 그 청년의 막내동생은 심한 간질병에 걸려 있었습니다. 집회를 하는 가운데서도 간질이 일어났습니다. 그 어머니는 자식들을 끌어안고 울면서 살려달라고 매달렸습니다. 그런데 밖에서 그의 아버지가 술을 먹고 소리를 지르고 있었습니다. 저는 이 집안을 어떻게 해야 살려낼 수 있을까 하고 생각했습니다. 첫째, 둘째 아이 모두 예수를 믿지 않았지만 막내는 너무나도 예수님을 잘 믿었습니다. 집회가 끝나고 저는 막내 아이에게 안수기도를 했습니다. 놀라운 사실은 그 때부터 그 아이의 간질이 끝났다는 것입니다.

저는 그 청년의 가정에 흐르는 흑암의 줄을 보았습니다. 그 후에 안 사실이지만 그 집안의 할아버지 할머니가 무당이었답니다. 이건 누군가 끊어줘야 했습니다. 제가 그 어머니를 만나서 저는 서울로 가지만 주님을 꼭 붙들라고 말했습니다. 저는 도구이기 때문에 아무 소용이 없습니다. 힘이 되신 하나님을 의지해야만 하는 것입니다.

이렇게 가정에는 알 수 없는 흑암의 줄이 판을 치는데 인간들은 눈을 뜨고 있지 못하는 실정입니다. 우리는 케네디를 잘 알고 있습니다. 그는 젊을 때 촉망받고 세계적으로도 인기 있는 대통령이 되었습니다. 그런데 나이 40에 암살을 당해 죽고 말았습니다. 그 가계에 얽힌 사건들은 참 충격적이었습니다. 1998년 「뉴스위크」지에서 케네디가에 대해 기사를 실은 적이 있습니다.
케네디가 40살에 죽었고, 그의 형인 마이클 케네디는 39세에 심장마비로 죽었습니다. 그의 아버지 로버트 케네디는 대선후보 선거전에서 42살에 암살당했습니다. 아버지도 암살당했고, 자식도 암살당한 것입니다. 삼촌도 46세에 암살당했습니다. 케네디의 맏형도, 여동생도 젊은 나이에 죽고 말았습니다. 또, 1999년 7월 16일에는 케네디 전 대통령의 아들 케네디 2세가 탄 경비행기가 바다에 추락해 비행기 안에 있던 사람 모두 사망했습니다.
그 가계의 사람들은 거의 다 40세 정도의 나이에서 숨을 거두었습니다. 충격적인 사건입니다. 신문들과 방송사들은 그 가계에 사망의 줄이 달려 있다고 떠들어댔습니다.

여러분, 여러분의 가정에는 어떤 것이 흐르고 있습니까? 가정에 흐르는 흑암의 줄을 따라가 그 줄을 자르시기 바랍니다. 저도 우리 집안에 대해 연구해 보았습니다. 그리고 공통점으로 흐르는 흑암의 줄을 보았습니다. 저

또한 일찍 죽을 수밖에 없는 그런 줄에 걸려 있었던 것입니다. 우리 아버지는 50세에 돌아가셨습니다. 할아버지도 오래 살지 못했습니다. 그리고 이상한 병이 있었습니다. 그 병을 저도 앓았습니다. 저는 깜짝 놀랐습니다. 그러나 저는 예수 믿고 그것을 잘라버렸습니다. 우리 가정을 다 건져냈습니다. 우리 집안에 목사가 2명이 나오고, 누님이 권사가 되었습니다. 그 흑암의 모든 문제들이 정리되면서 서광이 비취는 것을 저는 보았습니다.

목사의 집안도 이렇습니다. 여러분도 집안을 부끄러워하지 마시고 지금부터 낱낱이 해부해서 예수님으로 말미암아 새롭게 거듭나시는 가정이 되어야 합니다. 이것이 우리가 살아나는 길입니다. 이것에 눈뜨지 않으면 안 됩니다. 돈을 많이 번다고, 또 대통령이나 장관이 된다고 해서 해결될 문제가 아닙니다. 우리 맘대로 사는 건 좋습니다. 문제는 우리의 자녀들입니다. 그 자녀들이 우리의 영적 줄기를 탄다는 사실을 알아야 합니다. 우리는 이러한 흑암의 줄기를 끊어야 합니다.

우리 속에 흐르는 아담

먼저, 우리 안에 있는 아담을 쫓아내야 합니다. 내 안에 있는 아담이 살아 있는 한 흑암의 줄에서 벗어날 수 없습니다. 내 속에 있는 아담이 가는 곳마다 흑암을 만들기 때문입니다.

첫 인간 아담이 범죄함으로써 우리가 죄인이 되었습니다.

"이러므로 한 사람으로 말미암아 죄가 세상에 들어오고 죄로 말미암아 사망이 왔나니 이와 같이 모든 사람이 죄를 지었으므로 사망이 모든 사람에게 이르렀느니라…한 사람의 범죄를 인하여 사망이 그 한 사람으로 말미암아 왕 노릇 하였은즉 더욱 은혜와 의의 선물을 넘치게 받는 자들이 한 분 예수 그리스도로 말미암아 생명 안에서 왕 노릇 하리로다"
(롬 5:12, 17).

인간의 시조 한 사람이 범죄하여 모든 사람이 죄인이 되었으며 또 사망에 처하게 되었습니다. '아담'은 히브리어로 '인류'라는 뜻을 가지고 있습니다. 우리는 아담을 한 사람이라고 생각하기 쉽지만 한 사람이 아니라 모든 인간의 대표를 말하는 것입니다. 이 아담 한 사람의 행동은 그 사람 혼자의 행동이 아니라 인간 전체가 움직이는 것과 같습니다. 그의 행동은 인간 전체에 영향을 미칩니다. 이것을 신학적으로 '집단성과 연대성'이라고 합니다. 그래서 아담 한 사람의 범죄는 개인이 한 것만이 아니라 집단이 한 것이고, 인류는 이에 대해 연대 책임을 지게 되어 있습니다.

우리에게는 아담의 생명력이 흐르고 있습니다. 인간이 살 수 있는 유일한 방법은 인간의 시조를 바꾸는 일밖에는 없습니다. 인류의 시조가 바뀌어져야 비로소 주의 능력이 나타나는 것입니다. 인간의 시조가 하나님에 의하여 바뀌었는데 그분이 바로 마지막 아담인 예수 그리스도이십니다.

인간은 피조물이기 때문에 반드시 신을 모셔야 합니다. 인간은 스스로 살 수 없는 존재이기 때문입니다. 인간은 정확히 말하면 하나님의 집입니다.

"너희가 하나님의 성전인 것과 하나님의 성령이 너희 안에 거하시는 것을 알지 못하느뇨"(고전 3:16).

성경은 "누구에게 순종하든지 그 순종함을 받는 자의 종"(롬 6:16)이 된다고 말씀하고 계십니다. 첫째 인간 아담은 하나님께 순종해야 하는데 그렇게 하지 않고 사탄인 뱀에게 순종했습니다. 선악과를 따먹음으로 말미암아 하나님을 배신하고 사탄의 종이 된 것입니다. 그러므로 사탄이 육신을 입고 인간을 통해 거하기 시작했습니다. 인간 속에서 태어나는 사람은 사탄의 종이 되어버리고 말았습니다. 그것을 아담의 생명이라고 합니다. 아담이 우리 속에 흐르고 있다는 말은, 사탄이 육신을 입고 우리 속에 거한다는 말입니다.

아담이 가지고 있는 네 가지 특징

우리는 흔히 '나는 예수를 믿으므로 아담이 내 안에는 없다'고 생각합니다. 물론 우리는 영적으로는 벗어났습니다. 그러나 혼, 육은 벗어나지 못했습니다. 이건 평생 싸워야 하는 일입니다. 우리가 예수를 믿어서 영적으론 구원받았지만 정신적 사고와 육적인 생활 환경에서는 아담의 줄이 아직도 흘러 넘치는 것입니다. 우리를 지배하는 것은 정신과 마음입니다. 환경과 육신입니다. 우리는 이것을 끊는 법을 배워야 합니다.

우리는 앞으로 살아갈 날이 많습니다. 우리의 자녀들도 살아갈 날이 창창합니다. 우리가 우리 속의 아담을 끊을 때 세상 속에서 살아가면서 승리할 수 있는 것입니다. 그 아담은 네 가지 사탄의 특징을 가지고 있습니다.

특징 하나/ 속인다

인간이 불행한 이유는 속고 살기 때문입니다. 사탄은 거짓말쟁이입니다. 사탄은 선악과를 따먹으면 하나님처럼 된다고 속였습니다. 뱀으로 위장하여 아담을 속인 것입니다. 아담은 처음에는 순수했습니다. 그런데 사탄이 들어가서 속게 되니까 그의 생명에 속이는 생명이 들어갔습니다. 우리 역시 속을 수 있으므로 그렇게 되지 않으려면 예수를 잘 믿어야 합니다. 그러면 속지 않는 축복을 받게 됩니다.

하나님께서는 에덴 동산에 아담을 두시고 거기에 있는 생명나무를 비롯한 실과는 임의로 먹되 선악과는 먹지 말라고 하셨습니다. 생명나무의 열매를 먹으라는 것은 모든 근원은 하나님이 주셨으므로 하나님으로부터 힘을 받아 살라는 것입니다. 또 선악과를 먹지 말라는 말은 우리 스스로 살지 말라는 뜻입니다. 인간은 자유의지를 가졌지만 옳고 그름의 판단은 우리 소관이 아닙니다. 하나님이 판단하시는 것입니다. 인간이 망하게 된 것은 자기 스스로 하나님이 되려고 했기 때문입니다. 우리 위에는 하나님이 계십니다. 우리는 그분 생명으로 사는 것입니다. 우리 스스로 옳고 그름을 따지려고 하니까 망한 것입니다. 이렇게 사탄의 흉계에 의해 망하게 된 것입니다.

스스로 옳고 그름을 따지지 마십시오. 우리의 옳고 그름은 하나님이 판단하십니다. 우리는 하나님을 믿고 그분을 좇아가면 되는 것입니다. 이것이 생명나무와 선악과의 차이입니다. 우리 스스로를 기준 삼지 말아야 합니다. 우리의 기준은 하나님이 되어야 합니다. 하나님으로부터 내려오는 힘과 은혜로 살아야 합니다. 그것이 생명나무입니다. 바보 같고 수동적인 것 같지만 그것처럼 적극적이고 지혜로운 것은 없습니다.

특징 둘 / 말씀을 소홀히 여기게 한다

이는 말씀을 자기 편의대로 해석한다는 말입니다. 사탄은 말씀을 지키지 말라고 하지 않습니다. 사탄은 말씀을 자기 편의대로 경홀히 여기게 합니다. 하나님께서는 창세기 2:17에 "선악을 알게 하는 나무의 실과는 먹지 말라 네가 먹는 날에는 정녕 죽으리라"라고 하셨습니다. 그런데 하와는 창세기 3:3에 "너희가 죽을까 하노라 하셨느니라"라고 하나님이 하신 말씀을 바꾸었습니다.

아담의 생명은 예수를 믿어도 제대로 믿지 못하게 합니다. "교회에 너무 빠지지 말고 적당히 다녀", "적당히 신앙생활 해"라고 말합니다. 그러나 성경은 이렇게 말하지 않습니다. 예수를 확실히 믿어야 합니다. 사람 말에 귀 기울이지 말고 죽으면 죽으리라는 심정으로 말씀에 인생을 걸어보십시오. 그러면 여러분들의 문제가 해결됩니다. 말씀을 희석시키지 마십시오. 말씀대로 믿으시기 바랍니다.

베드로는 제대로 교육받지 못한 사람입니다. 그러나 그는 예수님의 수제자가 되었습니다. 그 이유는 "주여 영생의 말씀이 계시매 우리가 뉘게로 가오리이까"(요 6:68)라고 말한 데 있습니다. 다른 사람은 다 떠나도 무식하고 우직한 그는 주님 앞에 무릎을 꿇은 것입니다. 초대교회에서 전해 내려오는 다음 이야기는 그의 우직한 성품을 잘 나타내주고 있습니다.

어느 날 예수님이 제자들과 등산하기로 했습니다. 예수님은 제자들에게 들고 갈 수 있을 만한 돌멩이를 하나씩 들고 산을 올라가게 하셨습니다. 그런데 올라가다 보니 힘이 들었습니다. 제자들은 무거운 돌멩이를 내려놓고 가벼운 것으로 바꿔들었습니다. 올라갈수록 그들의 돌멩이는 점점 작아졌습니다. 그런데 한 사람만이 처음 들었던 돌멩이를 메고 올라오고 있었습니다. 다름 아닌 베드로였습니다. 산 정상에 다다른 후 주님은 그들에게 "시장하지" 하시며 축복기도를 하셨습니다. "하나님, 저들이 힘껏 들고 온 돌멩이가 떡이 되게 하소서."

주님 말씀 그대로 믿는 게 축복입니다. 우직하게 말입니다. 예수님을 그렇게 믿어야 합니다.

특징 셋/ 죄를 회피하게 한다

아담의 생명이 흐르면 잘못에 대해 자각할 줄 모르게 됩니다. 모든 것을 원망합니다. 하나님이 아담에게 "내가 너더러 먹지 말라 명한 그 나무 실과를 네가 먹었느냐"라고 물으시니 아담이 "하나님이 주셔서 나와 함께 하게 하신 여자 그가 그 나무 실과를 내게 주므로 내가 먹었나이다"라고 말했습니다. 핑계를 여자와 하나님께 돌린 것입니다.

하나님이 여자에게 물었습니다. "네가 어찌하여 이렇게 하였느냐?" 여자가 대답하기를 "뱀이 나를 꾀므로 내가 먹었나이다." 이것 역시 하나님께 책임을 전가하는 것입니다. 이 아담의 생명은 남을 탓하게 합니다. 그러나 못이 자기 때문이라고 돌리면 기적이 일어납니다. 가정이 천국으로 바뀌는 것은 간단합니다.

핑계대면 우린 망합니다. 죄를 감추면 반드시 풍랑이 옵니다. 죄를 찾아내지 않으면 하나님이 우리에게 죄를 묻습니다. 이것은 심판이 됩니다. 내가 내 죄를 찾아내는 것이 은혜입니다. 내가 스스로 내 죄를 찾아내면 죄 사함 받고 축복받지만 하나님이 내 죄를 발견하시면 심판과 저주가 옵니다.

집안에 어려운 문제가 있을 때 "나 때문이야"라고 말한다면 가정에 평안이 올 것입니다. 내 마음에 고통과 괴로움이 오면 나에게 원인이 있는 것입니다. 당신에게 고통과 괴로움이 없다면 당신에겐 책임이 없습니다. 고통스럽고 괴로운 만큼 책임이 있는 것입니다.

특징 넷/ 하나님으로부터의 사랑을 상실케 한다

우리는 하나님 앞에서 두 가지 속성을 지니게 됩니다. 그것은 하나님을 두려워하는 것과 하나님을 사랑하는 것입니다. 성경은 세상을 두려워하지 말고 하나님을 두려워하라고 했습니다. 세상을 두려워하면 모든 것이 두렵지만 하나님을 두려워하면 두려운 것이 없어집니다. 그러나 두려워하기만 해서는 안 됩니다. 하나님을 사랑해야 합니다. 이 두 가지가 하나님을 믿는 신앙입니다. 이것을 하나님을 경외한다고 말합니다. 그런데 사탄은 하나님을 사랑하는 것을 빼앗아버립니다. 그러면 두려움만 남게 됩니다. 이렇게 되면 망하는 것입니다. 아담이 선악과를 따먹고 두려움을 느껴 숨어버린 것처럼 말입니다. 하나님은 사랑이십니다. 만일 하나님이 아담을 불렀을 때 나가서 용서를 구했으면 하나님께서는 용서해 주셨을 것입니다. 이처럼 사랑을 잃어버리면 두려움만 남습니다.

우리는 탕자 이야기를 잘 알고 있습니다. 탕자는 아버지 돈을 가지고 나가서 다 잃어버렸습니다. 그리고 두려워서 아버지 집에 속히 들어가지 못했습니다. 그러나 그 아버지는 동구 밖에 나가서 그를 기다리고 있었습니다. 사탄이 그 탕자의 마음속에 두려워하는 마음을 집어넣어 탕자가 빨리 집으로 돌아가지 못한 것입니다. 그러나 하나님이 그 마음에 은혜를 베푸셔서 탕자는 아버지에게로 돌아갔습니다. 아버지는 그를 보고 "사랑하는 아들아 잘 왔다" 하시며 그를 안고 기뻐했습니다.

우리가 시험에 드는 이유는 하나님의 사랑을 잃어버렸기 때문입니다. 아담의 생명이 흐르면 모두 사랑을 잃어버립니다.

유토피아가 사라지니…

우리가 아담을 내쫓지 않으면 천국은 올 수 없습니다. 아담은 사탄을 받아들여 에덴에서 쫓겨나게 되었습니다. 에덴은 '유토피아'를 의미합니다. 유토피아는 완전하다는 뜻입니다. 에덴에서 쫓겨난 인간들에겐 완전한 만족은 없습니다. 예수님을 믿지 않으면 유토피아는 올 수 없습니다. 술집 이름이 유토피아인 데는 많습디다. 그런 데 기웃거리지 마십시오. 이 세상에는 유토피아가 없습니다. 아담의 생명을 몰아내고 하나님의 생명을 받아들일 때 유토피아가 오는 것입니다.

"또 여자에게 이르시되 내가 네게 임태하는 고통을 크게 더하리니 네가 수고하고 자식을 낳을 것이며 너는 남편을 사모하고 남편은 너를 다스릴 것이니라 하시고 아담에게 이르시되 네가 네 아내의 말을 듣고 내가 너더러 먹지 말라 한 나무 실과를 먹었은즉 땅은 너로 인하여 저주를 받고 너는 종신토록 수고하여야 그 소산을 먹으리라 땅이 네게 가시덤불과 엉겅퀴를 낼 것이라 너의 먹을 것은 밭의 채소인즉 네가 얼굴에 땀이 흘러야 식물을 먹고 필경은 흙으로 돌아가리니 그 속에서 네가 취함을 입었음이라 너는 흙이니 흙으로 돌아갈 것이니라 하시니라"(창 3:16-19).

아담이 사탄을 받아들여 에덴 동산에서 쫓겨나게 됨으로 인간에게는 유토피아가 사라졌습니다. 유토피아가 사라지고 심판이 왔습니다.

육적인 저주가 왔다

땅이 저주받아 인간에게 가시덤불과 엉겅퀴를 낼 것이라는 두 가지 저주를 받았습니다. 하나님이 땅을 만들어주신 것은 축복입니다. 우주만물은 인간을 행복하게 하기 위해 만들어졌습니다. 그런데 저주를 받아 환경이 변했습니다. 환경이 인간을 지배하게 되었습니다. 우리가 아담 생명을 갖고 있는 한 환경에 이끌리어 살 수밖에 없습니다. 아무리 잘 해보려고 해도 안 됩니다. 나를 괴롭히는 환경으로 바뀌는 것입니다. 이것이 인간의 운명입니다. 그러나 생명을 바꾸면 환경이 회복됩니다.

정신적인 저주가 왔다

먼저 여자부터 저주를 받았습니다.

"또 여자에게 이르시되 내가 네게 잉태하는 고통을 크게 더하리니 네가 수고하고 자식을 낳을 것이며 너는 남편을 사모하고 남편은 너를 다스릴 것이니라 하시고"(창 3:16).

여인들은 대체적으로 자녀 때문에 고통을 받습니다. 자녀가 어릴 때부터 장성할 때까지 신경을 쓰지 않는 부분이 없을 정도입니다. 또 남편으로부터 고통을 받습니다. 아내들은 남편을 평생 사모하도록 되어 있습니다. 남편의 다스림을 받기 때문입니다. 아담의 생명이 흐르는 한 이것을 벗어나지 못합니다.

남자 역시 저주를 받았습니다.

"네가 얼굴에 땀이 흘러야 식물을 먹고…"(창 3:19).

남자들은 열심히 땀 흘려야 생활을 할 수 있습니다. 자나깨나 직장이나 사업을 걱정해야 하는 것입니다. 상사의 눈치를 보게 되고 피땀흘려 일을 해야만 겨우 먹고 살 수 있는 것입니다.

영적인 저주를 받았다

아담의 생명이 흐르면 육적, 정신적, 영적 저주를 받습니다. 이것은 "흙으로 돌아가는 것"을 말합니다. 우리는 영생을 얻어 천국가야 하는 존재입니다. 그런데 흙으로 돌아가는 것은 지옥에 간다는 말입니다. 아담의 생명이 흐르면 지옥에 갑니다. 영적인 저주입니다. 이러한 아담의 생명을 가지고 대통령이 되면 무얼 하겠습니까? 부자가 된들 무슨 소용이 있습니까? 이 아담의 생명을 쫓아내야 영이 살 수 있습니다.

"아담이 그 아내를 하와라 이름하였으니 그는 모든 산 자의 어미가 됨이더라"(창 3:20).

아담과 하와가 결혼해서 자손을 남기게 되었습니다. 아담의 생명이 하와를 통해 산출되기 시작한 것입니다. 우리의 어미는 하와입니다. 아담이라는 사탄의 씨가 산 자의 어미인 하와를 통해 계승된 것입니다. 그래서 아담의 생명에서 빠져나와야 하는 것입니다. 여러분의 아담을 형상화시키십시오. 어떤 아담이 여러분 속에 있습니까? 성경은 이것을 옛사람이라고 불렀습니다. 우리는 옛사람을 죽여야 합니다. 그것은 내 힘으로 되는 게 아니라 예수님을 영접하여 십자가에 못 박을 때 가능합니다. 바울이 이야기한 것처럼 옛사람이 나의 행위와는 상관없이 들어왔듯이 내 속의 옛사람을 죽이는 것도 나의 행위와는 상관없습니다. 우리가 예수를 믿기만 하면 예수 속에서 옛사람이 죽습니다. 십자가에서 예수 그리스도와 연합하여 옛사람이 죽게 되는 것입니다. 이 사실을 믿고 십자가의 보혈로 우리의 죄를 씻어내야 합니다. 만일 우리의 가족이나 사랑하는 사람들이 아직 예수님을 영접하지 않았다면 그를 위해 전도해야 합니다. 이 아담의 생명으로부터 건져

낼 수 있는 방법은 전도밖에 없습니다.

"내가 그리스도와 함께 십자가에 못 박혔나니 그런즉 이제는 내가 산 것이 아니요 오직 내 안에 그리스도께서 사신 것이라 이제 내가 육체 가운데 사는 것은 나를 사랑하사 나를 위하여 자기 몸을 버리신 하나님의 아들을 믿는 믿음 안에서 사는 것이라"(갈 2:20).

첫 아담은 사라지고 마지막 아담 예수가 내 속에 뿌리를 내려야 합니다. 우리가 예수님을 영접하면 우리는 예수님에게 접붙임을 받습니다. 우리는 날마다 이 십자가 사건을 가슴에 형상화시켜서 살아야 합니다. 날마다 주의 보혈로 우리의 지난날의 죄를 씻어버리며 주님을 증거하는 삶을 살아야 합니다.

마음을 톡톡 두드리는 핵심 요약

1. 아담이 가지고 있는 네 가지 특징은 무엇입니까?

-속인다. 말씀을 소홀히 여기게 한다. 죄를 회피한다.
하나님으로부터의 사랑을 상실케 한다.

2. 당신의 가정에 흐르는 흑암의 줄은 무엇무엇입니까?

3. 가정의 흑암의 줄을 끊는 유일한 방법은 무엇입니까?

-시조를 바꾸어야 한다. 즉 예수님을 구주로 영접해야 한다.

4. 아직 믿지 않는 가족이나 친구들의 흑암의 줄을 끊는 데에 당신은 어떤 도움을 주겠습니까?

능력 있는 삶을 위한 조언

우리는 믿지 않는 사람들에게 지혜롭게 십자가의 도를 전할 수 있어야 합니다. 다음과 같이 전해 보십시오.

1. 당신은 죄인입니다. → 당신이 이대로 살면 망하게 됩니다.

→ 세상 사람들이 예수님을 믿지 않는다면 결국은 지옥에 가게 될 것입니다. 그 이유는 인간은 모두 죄인이기 때문입니다. 그래도 죄인이라는 말이나 지옥이라는 말을 사용하여 전도하면 상대방이 반감을 가질 수 있으므로 사람이 이대로 살면 결국 어떻게 될 것인가에 초점을 맞추어 전도하십시오.

2. 회개해야 합니다. → 삶의 방향을 바꾸면 당신은 삽니다. 예수님이 당신의 잘못을 책임지셨습니다.

→ 사람은 죄를 해결해야만 살 수 있습니다. 죄를 해결할 수 있는 길은 예수님을 믿고 회개하는 길뿐입니다. 여기서 회개라는 말을 직접적으로 사용하기보다는 지금 살아가고 있는 그 길에서 돌이키라고 말해보십시오. 그러나 사람들은 쉽게 돌이키지 못합니다. 그 이유는 지금까지의 삶의 방식이 걸림돌이 되기 때문입니다. 그때 당신의 잘못을 예수님께서 깨끗이 책임지셨다고 말하면 됩니다.

3. 믿으면 됩니다.

→ 믿기만 하십시오. 예수님은 부활하셨으므로 지금도 우리와 함께하시고 당신의 삶을 영원히 책임져 주십니다.

족보를 바꾸어 주는 전도

그대여,

그분에게 말하라

이는 그가 들으심이요

영은 영과 만날 수 있음이니

그는 숨결보다도 더 가까이 계시며

손발보다도 더 가까이 계시도다

족보를 바꾸어 주는 전도

마태복음 1:1-16
"아브라함과 다윗의 자손 예수 그리스도의 세계라"

성경은 족보에 집착하지 말라고 말합니다. 그것은 자기가 속해 있는 가문 자체에 집착하지 말라는 의미입니다. 집안에 국회의원이나 장관을 한 사람이 있다거나 크게 성공한 사람이 있다는 것을 자랑하지 마십시오.

성도는 믿음의 족보를 이루어나가야 합니다.

디모데후서 1:5을 보면 바울이 디모데에게 "이는 네 속에 거짓이 없는 믿음을 생각함이라 이 믿음은 먼저 네 외조모 로이스와 네 어머니 유니게 속에 있더니 네 속에도 있는 줄을 확신하노라"라고 말함을 볼 수 있습니다. 디모데는 거짓없는 믿음을 가지고 있었는데 그 믿음은 할머니와 어머니로부터 유전된 것입니다. 바울은 이러한 믿음의 족보를 자랑하라고 했습니다. 쓸데없는 육신의 족보를 자랑하지 말고 믿음의 족보를 자랑해야 합니다.

예수님의 족보

마태복음 첫 장에는 예수님의 족보가 기록되어 있습니다.

"아브라함과 다윗의 자손 예수 그리스도의 세계라"(마 1:1).

우리가 읽고 무심히 지나갈 수 있는 이 구절에는 엄청난 영적 비밀이 숨어 있습니다. 아브라함은 '한 무리의 아버지'란 뜻입니다. 다윗은 '사랑받는 자'란 뜻입니다. 예수 그리스도는 '구원자'란 뜻입니다.

"아브라함과 다윗의 자손 예수 그리스도의 세계"라는 말에는 이 세상에서 유일하게 구원으로 연결되는 족보라는 의미가 내포되어 있습니다. 우리가 이러한 예수님의 족보에 들어가야 구원을 받습니다. 만일 이 족보 안에 들어가지 못하면 구원을 얻을 수 없습니다. 이 족보를 타고 주님이 오시기 때문입니다. 예수님은 하나님이십니다. 예수님은 하나님과 함께 창세 전부터 계신 분입니다. 단지 육신을 입은 것이 2000년 전일 뿐입니다.

원래 인류의 족보는 아담으로부터 시작합니다. 그런데 아담이 타락함으로 사탄의 생명이 흐르기 시작했습니다. 이 아담의 족보를 가지고 있으면 지옥으로 갈 수밖에 없습니다.

요한복음 8:44을 봅시다.

"너희는 너희 아비 마귀에게서 났으니 너희 아비의 욕심을 너희도 행하고자 하느니라 저는 처음부터 살인한 자요 진리가 그 속에 없으므로 진리에 서지 못하고 거짓을 말할 때마다 제 것으로 말하나니 이는 저가 거짓말쟁이요 거짓의 아비가 되었음이니라."

요한일서 3:10을 봅시다.

"이러므로 하나님의 자녀들과 마귀의 자녀들이 나타나나니 무릇 의를 행치 아니하는 자나 또는 그 형제를 사랑치 아니하는 자는 하나님께 속하지 아니하니라."

이 세상에 흐르는 모든 생명은 아담에게서 출발했습니다. 그러므로 우리의 아비는 마귀입니다. 거듭나지 않은 인간은 지옥행 열차를 타고 있는 것입니다. 아무리 오래 살아도 하나님을 모르면 사탄의 생명을 가지고 있는 것입니다. 그래서 하나님께서는 인간을 불쌍히 여기셔서 구원의 계획을 펼치셨습니다.

하나님께서는 구원의 족보를 만드시기로 작정하셨습니다. 그래서 죽어가는 사람들 중에서 한 사람을 불러내셨는데 그가 바로 아브라함입니다. 아브라함은 우상의 도시 갈대아 우르에서 부르심을 받았습니다. 아브라함이 대단히 뛰어나서 택함받은 것이 아니라 하나님의 의지대로 선택하신 것입니다. 하나님께서는 우상의 도시에서 그를 건져내어 다른 족보를 만들기 시작하셨습니다. 창세기 18:10을 봅시다.

"그가 가라사대 기한이 이를 때에 내가 정녕 네게로 돌아오리니 네 아내 사라에게 아들이 있으리라 하시니 사라가 그 뒤 장막문에서 들었더라."

인류 역사 속에서 가장 이해하기 힘든 탄생 두 가지가 있습니다. 그것은 이삭의 탄생과 예수의 탄생입니다. 아브라함은 이삭을 100세에 낳았습니다. 또 예수님은 동정녀에게서 태어나셨습니다. 이것은 인간의 논리구조나 과학과 맞지 않습니다.

그러나 이것은 놀라운 계시를 알려주고 있습니다. 하나님께서는 아브라함에게 때가 되면 돌아오시겠다고 약속하셨습니다. 하나님이 오셨다는 표시로 이삭을 갖게 되는 것입니다. 그래서 이삭은 약속의 자식입니다. 이삭이 태어나는 동시에 주님이 이삭 속에 오시는 것입니다. 그러므로 하나님이 아브라함의 계통으로 오시는 것입니다. 그러한 하나님이 이스라엘의 족보를 타고 오시다가 결국 2000년 전에 몸을 입고 우리 속에 나타나셨습니다. 하나님은 이스라엘 민족과 항상 함께 계신 것입니다.

아담 때 들어온 사탄은 계속 흐르고 있습니다. 구원을 얻으려면 아담에게서 태어난 사람들이 아브라함의 계통에 붙여져야 합니다. 이것이 축복입니다. 이 족보 안에 있는 자가 사랑받는 자입니다.

족보를 옮겨야 산다

우리는 예수님을 마지막 아담 또는 둘째 사람이라고 부릅니다. 우리 인간을 구원하시기 위해서 인류의 모든 죄를 한 몸에 졌기 때문에 마지막 아담이십니다. 예수님은 죄가 없으시므로 다른 인류를 만드셨습니다. 그래서 우리가 예수님을 영접하면 종족이 바뀌어지는 것입니다. 로마서 11:17을 봅시다.

"또한 가지 얼마가 꺾여졌는데 돌감람나무인 네가 그들 중에 접붙임이 되어 참감람나무 뿌리의 진액을 함께 받는 자 되었은즉"

돌감람나무였던 우리가 접붙임이 되어 참감람나무가 되었습니다. 이렇게 함으로 우리가 둘째 인류에 속하게 된 것입니다. 이 얼마나 놀라운 은혜입니까? 하나님께서는 우리가 선하든 악하든, 잘생겼든 못생겼든 우리의 모습에 관계없이 무작위로 우리를 뽑으셔서 참감람나무로 옮기셨습니다. 우리는 이것을 은혜라고 부릅니다. 우리의 행위와는 아무 상관없이 하나님의 의지대로 하신 것입니다.

이 예수님의 족보에는 4명의 여인이 나옵니다. 그들은 다말, 라합, 룻, 우리야의 아내입니다.

"유다는 다말에게서 베레스와 세라를 낳고… 살몬은 라합에게서 보아스를 낳고 보아스는 룻에게서 오벳을 낳고… 다윗은 우리야의 아내에게서 솔로몬을 낳고"(마 1:3-6).

이들은 한결같이 결점이 많은 여인이었습니다. 다말은 시아버지인 유다와 근친상간을 했습니다. 라합은 기생이었습니다. 룻이 이방인이었습니다. 우리야의 아내는 자기 남편을 버리고 다윗에게로 간 여인이었습니다. 그런데도 이들은 메시아의 족보에 들어갔습니다. 바로 이것이 은혜입니다. 우리 같이 결점 많은 사람도 하나님께서는 메시아의 족보에 접붙이십니다. 우리는 왜 하나님이 우리를 구원하셨는지 다 알 수 없습니다. 모든 사람이 죄인인데 왜 어떤 사람들만 구원하셨습니까? 답은 '은혜'입니다. 우리는 완벽하게 하나님의 의도를 알 수는 없습니다. 다만 하나님이 은혜 주실 자에게 은혜 주신다는 사실만 알 뿐입니다.

다말/생명을 귀중히 여긴 사람

다말은 유다의 첫째 아들인 엘의 아내였습니다. 엘은 너무나 악하여 하나님이 일찍 그를 데려가셨습니다. 그러자 유다는 며느리로 하여금 둘째 아들 오난과 살도록 했습니다. 그런데 오난도 일찍 죽었습니다. 결국 막내 아들 셀라만 남게 되었습니다. 유다는 막내아들마저 일찍 죽게 될까봐 염려하여 다말을 친정으로 보냈습니다. 다말에게는 셀라가 클 때까지 친정에서 기다리라고 했습니다. 그 당시 친정으로 보낸다는 것은 시댁의 집안과 모든 관계가 끊어졌음을 의미하는 것이었습니다.

그러나 셀라가 장성하여도 자기에게 셀라를 주지 않을 것이라고 염려한 다말은 창기처럼 변장하고 시아버지인 유다와 동침하였습니다. 그리고 유다에게 증표로 도장과 지팡이와 끈을 달라고 요구했습니다. 훗날 다말은 이 증표를 증거로 삼아 유다로부터의 징계를 모면했습니다. 그리고 아들을 낳게 되었습니다. 이는 도덕적으로 볼 땐 있을 수 없는 일로 여겨집니다. 그러나 다말은 음란을 추구한 것이 아니라 단지 자손을 남기겠다는 목표 때문에 그런 것입니다. 도덕보다는 생명을 귀중히 여긴 것입니다. 하나님께서는 생명을 귀중히 여기는 다말을 귀하게 보셔서 하나님의 족보에 들어갈 수 있도록 하셨습니다.

이 여인이 시아버지와 동침한 것을 잘 했다고 미화하는 것이 아닙니다. 그러나 이 사건을 해석할 때 윤리의 잣대를 기준으로 정죄해서는 안 됩니다. 이 여인은 자기 가족의 씨를 중요시했습니다. 이는 생명을 귀중히 여긴 것입니다. 다말과 밧세바 사건을 동일시해서는 안 됩니다. 차원이 다른 것입니다.

라합/믿음의 사람

라합은 여리고성에 살던 창녀입니다. 여호수아가 여리고성에 들어가기 전에 정탐꾼 두 명을 보냈습니다. 그런데 이 둘이 정탐하다 발각이 되어 죽을 지경에 이르게 되었습니다. 이 정탐꾼들은 라합의 집으로 숨어들게 되었습니다. 이들을 고발하면 그녀는 상을 받을 수 있었지만 그렇게 하지 않고 그들을 감추어 주었습니다. 그녀는 하나님이 애굽에서부터 이스라엘을 이끌어내시고 기적을 보여주신 소식을 듣고 있었습니다. 그렇기 때문에 하나님을 두려워하는 마음을 가지고 있었습니다. 그녀는 하나님을 두려워하여 자기 부족의 왕보다는 하나님을 더 따른 것입니다. 라합은 도덕적으로 순결하거나 남들보다 더 착하다거나 하지 않았습니다. 단지 하나님께 순종했을 뿐입니다. 그러나 하나님은 그러한 라합을 귀하게 보셨습니다. 성경은 이것을 믿음이라고 말합니다. 히브리서 11:31을 봅시다.

"믿음으로 기생 라합은 정탐꾼을 평안히 영접하였으므로 순종치 아니한 자와 함께 멸망치 아니하였도다."

정탐꾼은 라합의 가족을 지켜줄 것을 약속했습니다. 여리고성이 함락되었을 때 라합은 빨간 줄을 내려서 자기 집임을 보여 주었고, 라합의 가족은 살게 되었습니다. 이것은 예수님의 보혈을 상징합니다. 예수 보혈을 믿는 집안은 모두 구원받습니다. 잘나고 못난 것은 구원과는 아무 관계가 없습니다.

룻/세상을 끊은 사람

룻은 모압 사람이었습니다. 모압은 하나님 앞에 저주받은 땅입니다. 룻의 시어머니 나오미는 그녀의 고향 베들레헴에서 모압으로 나오게 되었는데 이는 하나님의 집에서 세상으로 나왔음을 의미합니다. 모압에 있을 때 나오미는 남편과 두 아들을 잃었습니다. 하나님 앞에 범죄한 것을 안 나오미는 고향으로 돌아갈 것을 결심합니다. 나오미는 두 며느리에게 친정으로 돌아갈 것을 권하지만 그 중 룻은 시어머니인 나오미와 함께 갈 것을 결심하였습니다. 이는 세상을 끊고 하나님께로 온 것을 의미합니다. 이것을 하나님은 기뻐하셨습니다.

우리야의 아내 밧세바/평범한 사람

저는 하나님께서 왜 이 여인을 하나님의 족보에 두셨는지 잘 이해가 되지 않았습니다. 저는 성경을 묵상하면서 하나님께 여쭈어 보았습니다. 하나님께선 답을 주셨는데 그건 엉뚱하게도 지극히 평범한 여인을 택했다는 것입니다. 특별할 것이 없는 사람을 선택하여 쓰신 것입니다.

당신은 하나님 족보의 몇 대 손?

그러면 여러분은 하나님 족보의 몇 대 손입니까?
마태복음 1:17을 보십시오.

"그런즉 모든 대 수가 아브라함부터 다윗까지 열네 대요 다윗부터 바벨론으로 이거할 때까지 열네 대요 바벨론으로 이거한 후부터 그리스도까지 열네 대러라."

히브리인들은 족보를 셀 때 열네 대씩 쓰는 습관이 있습니다. 아브라함부터 다윗까지 열네 대, 솔로몬부터 바벨론 이주까지 열네 대입니다. 그러면 바벨론 이주부터 예수님까지는 몇 대입니까? 여러분이 세어보시면 알겠지만 열세 대입니다. 그런데 성경엔 열네 대라고 했습니다. 그것은 우리 믿는 사람들이 열네 대이기 때문입니다. 예수 안에서 우리는 한 대이며 그럼으로써 우리 모두는 형제가 되었습니다. 이렇게 해서 하나님의 족보는 완성됩니다.

우리는 쓸데없는 육신의 족보에 집착하지 말고 영원한 구원이신 예수의 족보를 바라보아야 하겠습니다. 예수의 족보로 옮기면 영원한 저주와 흑암은 끝나버리고 하나님의 보호 아래서 살 수 있습니다. 사랑하는 가족, 이웃, 친구들이 흑암의 줄을 끊어버리고 예수님의 족보로 옮길 수 있도록 우리는 전도해야 합니다. 이것이 하나님이 가장 기뻐하시는 일입니다.

마음을 톡톡 두드리는 핵심 요약

1. 당신은 누구의 족보에 속해 있습니까? 해당사항에 동그라미를 그려보십시오.

　　　　세상　　　　　　하나님

2. 하나님은 어떤 사람을 하나님의 자녀로 부르셨습니까?

-우리가 어떤 사람이든 상관없이 하나님의 의지대로 무작위로 뽑으셨다.

3. 당신은 하나님의 몇 대 손입니까?

-14대 손

4. 가족, 이웃, 친구들에게 본문의 내용을 전하십시오. 예수님의 족보로 옮겨야 한다고 말하기를 바랍니다.

능력 있는 삶을 위한 조언

그리스도께서는 자기의 모든 권리를 다 포기하고, 스스로 종의 모양을 입으시고, 더욱 낮아져서 사람이 되셨습니다. 거기서 더욱 내려와서 사람의 죽음을 당하시되 가장 비천한 십자가의 죽음을 죽으셨습니다. 그의 권리를 포기할 대로 다 포기하고, 섬길 대로 섬기고, 낮아질 대로 낮아지며, 고난을 당할 대로 당해서 마침내, 하나님의 질서에 거스리는 모든 힘과 함께 암흑이 장악하고 있는 죽음 속으로 들어가서, 거기서 그들의 힘을 부수어 버리셨으며 마침내, 그 나라를 방해하던 세력을 제거시키셨습니다. 바로 이것이 그리스도의 마음입니다.

속은 것을 찾아주는 전도

이 세상
어느 곳에도 없네
하나님보다
이세상의 슬픔을
더 잘 아는 이는.
이 세상
어느 곳에도 없네
하나님보다
이세상의 악함을
더 자비롭게
판단하는 이는.

속은 것을 찾아주는 전도

골로새서 3:1-4, 고린도후서 2:10-14, 4:4, 8:9
"너희가 무슨 일이든지 뉘게 용서하면 나도 그리하고 내가 만일 용서한
일이 있으면 용서한 그것은 너희를 위하여 그리스도 앞에서 한 것이니
이는 우리로 사단에게 속지 않게 하려 함이라
우리가 그 궤계를 알지 못하는 바가 아니로라."

영성을 회복하라

영성(spirituality)이라 함은 영의 성질, 영의 속성으로서 성령이 우리와 함께할 수 있는 성질을 의미합니다.

성령은 우리 속의 영을 통해 역사합니다. 그렇지만 우리의 영은 어둠의 세력이 역사하기 좋은 성질의 상태이므로 성령께서 역사하기 좋은 성질로 바꾸어야만 합니다. 다시 말하면 우리 영의 속성이 성령께서 역사할 수 있는 상태로 바꾸어져야 한다는 것입니다.

전도의 영성(Evangelism Spirituality)은 내 영에 성령이 내주하여 충만한 상태를 말합니다. 그러므로 우리 영이 더럽혀지거나 허물과 죄 가운데 빠지면 영이 흐려져 성령의 영향력은 약화됩니다. 영이 흐려지면 올바로 보지 못하게 되고, 그 결과 자꾸만 거짓에 속게 되어 실패하게 됩니다. 그러므로 영이 혼탁해지지 않도록 기도하고 항상 정결케 해야 합니다.

예수를 믿어 악한 영에게 속지 않는 것이 인생의 축복이며 능력이 됩니다. 세상 사람들이 인생에 실패하는 이유는 거짓된 것에 자꾸 속기 때문입니다. 그러므로 우리는 속고 있는 것을 깨닫게 하고 참된 것을 찾아주어야 합니다. 이것을 전도라고 말합니다.

속임이 있음은 이 세상에 속이는 자가 있기 때문인데 그는 마귀며 사탄이요, 세상의 신들이고 거짓의 아비입니다. 그러므로 우리는 세상 사람들이 그들에게 속고 있음을 깨우쳐주고 진리를 알려 주어야 합니다.

"너희는 너희 아비 마귀에게서 났으니 너희 아비의 욕심을 너희도 행하고자 하느니라 저는 처음부터 살인한 자요 진리가 그 속에 없으므로 진리에 서지 못하고 거짓을 말할 때마다 제 것으로 말하나니 이는 저가 거짓말쟁이요 거짓의 아비가 되었음이니라"(요 8:44).

그러면 속고 있는 사람들에게 전도할 수 있는 사람은 누구입니까? 그는 바로 예수를 믿고 거짓에서 벗어나 진리 안에서 기쁨과 평안을 누리며 진정한 행복을 맛본 사람입니다. 그런 사람만이 전도할 수 있는 것입니다. 즉 전도의 영성이 회복된 자만이 이 일을 감당할 수 있습니다. 이것이 능력입니다.

예수는 곧 하나님이십니다. 기독교는 예수를 하나님으로 믿는 종교입니다. 세상 신으로 말미암아 혼미해진 우리들에게 그리스도의 영광의 광채가 비추어져 우리가 예수를 믿게 되는 것입니다(고후 4:4-6).

참된 행복은 어떻게 회복됩니까? 이 질문에 대한 대답은 분명합니다. 참된 행복은 그리스도의 광채가 혼미한 영에 비추어져 영적인 능력을 소유할 때 오는 것입니다.

인생을 살아갈 때 속고 있는 부분

죄사함의 비밀에 대해 속고 있다

인간의 불행은 자신이 죄인인 줄 모르는 데 있습니다. 인간은 영이 죽어 있기 때문에 하나님을 알지 못합니다. 인간이 죄를 지었기 때문에 죄인이라기보다는 죄인으로 태어났기 때문에 죄인인 것입니다. 그러나 하나님은 우리를 사랑하셔서 우리의 죄를 사하시고 구원을 주셨습니다.

이 구원에는 우리 인간의 노력이 전혀 포함되어 있지 않으며, 하나님의 전적인 은혜로 믿는 자에게 거저 주어지는 것입니다.

인간은 누구나 태어나면서부터 죄인이다

"내가 죄악 중에 출생하였음이여 모친이 죄 중에 나를 잉태하였나이다"(시 51:5).

"악인은 모태에서부터 멀어졌음이여 나면서부터 곁길로 나아가 거짓을 말하는도다"(시 58:3).

"모태에서부터 패역한 자라 칭함을 입은"(사 48:8).

"범죄치 아니하는 사람이 없사오니"(왕상 8:46).

"모든 사람이 죄를 범하였으매"(롬 3:23).

"의인은 없나니 하나도 없으며"(롬 3:10).

죄의 삯은 사망이다

"죄의 삯은 사망이요"(롬 6:23).

"범죄하는 그 영혼이 죽으리라"(겔 18:4).

"너희의 허물과 죄로 죽었던 너희를 살리셨도다"(엡 2:1).

"저희 총명이 어두워지고 저희 가운데 있는 무지함과 저희 마음이 굳어짐으로 말미암아 하나님의 생명에서 떠나 있도다"(엡 4:18).

영적 죽음의 결과는 저주와 심판입니다.

① 저주
영혼이 죽은 사람은 생명을 잃어버리고 진리를 상실합니다.

"저희 총명이 어두워지고 저희 가운데 있는 무지함과 저희 마음이 굳어짐으로 말미암아 하나님의 생명에서 떠나 있도다"(엡 4:18).

"본질상 진노의 자녀이었더니"(엡 2:3).

"전에 악한 행실로 멀리 떠나 마음으로 원수가 되었던 너희를"(골 1:21).

"내 하나님의 말씀에 악인에게는 평강이 없다 하셨느니라"(사 57:21).

"평강의 길을 알지 못하였고"(롬 3:17).

② 심판
저주받은 삶의 결과는 심판입니다.

"한 번 죽는 것은 사람에게 정하신 것이요 그 후에는 심판이 있으리니"(히 9:27).

"내가 너희의 각기 행한 대로 심판하리라"(겔 33:20).

"사망과 음부도 불못에 던지우니 이것은 둘째 사망 곧 불못이라 누구든지 생명책에 기록되지 못한 자는 불못에 던지우더라"(계 20:14-15).

인간은 스스로를 구원할 수 있는 힘이 없다

죽은 자는 생각도, 느낌도, 행할 힘도 없습니다.

"그러므로 율법의 행위로 그의 앞에 의롭다 하심을 얻을 육체가 없나니 율법으로는 죄를 깨달음이니라"(롬 3:20).

"주 여호와 내가 말하노라 네가 잿물로 스스로 씻으며 수다한 비누를 쓸지라도 네 죄악이 오히려 내 앞에 그저 있으리니"(렘 2:22).

주님이 십자가의 보혈로 우리 죄를 구속하시고 죄사함을 주셨다

죄로 죽은 인간은 스스로를 구원할 수 없었지만, 주님이 십자가에서 구속하심으로 우리의 죄와 저주를 끊으셨습니다.

"이튿날 요한이 예수께서 자기에게 나아오심을 보고 가로되 보라 세상 죄를 지고 가는 하나님의 어린 양이로다"(요 1:29).

"이 예수를 하나님이 그의 피로 인하여 믿음으로 말미암는 화목제물로 세우셨으니 이는 하나님께서 길이 참으시는 중에 전에 지은 죄를 간과하심으로 자기의 의로우심을 나타내려 하심이니"(롬 3:25).

"너희가 알거니와 너희 조상의 유전한 망령된 행실에서 구속된 것은 은이나 금같이 없어질 것으로 한 것이 아니요 오직 흠 없고 점 없는 어린 양 같은 그리스도의 보배로운 피로 한 것이니라"(벧전 1:18-19).

"우리가 그리스도 안에서 그의 은혜의 풍성함을 따라 그의 피로 말미암아 구속 곧 죄 사함을 받았으니"(엡 1:7).

"그리스도께서 우리를 위하여 저주를 받은 바 되사 율법의 저주에서 우리를 속량하셨으니 기록된 바 나무에 달린 자마다 저주 아래 있는 자라 하였음이라"(갈 3:13).

하나님이 거듭나게 하셨다

"내가 저희에게 영생을 주노니 영원히 멸망치 아니할 터이요 또 저희를 내 손에서 빼앗을 자가 없느니라"(요 10:28).

"예수께서 대답하여 가라사대 진실로 진실로 네게 이르노니 사람이 거듭나지 아니하면 하나님 나라를 볼 수 없느니라"(요 3:3).

"육으로 난 것은 육이요 성령으로 난 것은 영이니 내가 네게 거듭나야 하겠다 하는 말을 기이히 여기지 말라"(요 3:6-7).

이 구원의 은혜를 믿음으로 받아들여야 한다

마귀는 인간의 구원을 율법을 지킴으로, 행함으로 혹은 인간의 공로를 첨가시킴으로 받는 것이라고 속이고 있습니다.

"하나님의 은혜의 복음"(행 20:24).

"너희가 그 은혜를 인하여 믿음으로 말미암아 구원을 얻었나니 이것이 너희에게서 난 것이 아니요 하나님의 선물이라"(엡 2:8).

"허물로 죽은 우리를 그리스도와 함께 살리셨고 (너희가 은혜로 구원을 얻은 것이라)"(엡 2:5).

"만일 은혜로 된 것이면 행위로 말미암지 않음이니 그렇지 않으면 은혜가 은혜되지 못하느니라"(롬 11:6).

인간의 구원은 주님의 죄사함을 통하여 주어지는 전적인 은혜를 받아들이는 믿음이 있는 자에게 주어지는 축복입니다.

"그 불법을 사하심을 받고 그 죄를 가리우심을 받는 자는 복이 있고 주께서 그 죄를 인정치 아니하실 사람은 복이 있도다 함과 같으니라"(롬 4:7-8).

영생에 대해 속고 있다

죄의 삯은 사망이다

"죄의 삯은 사망이요 하나님의 은사는 그리스도 예수 우리 주 안에 있는 영생이니라"(롬 6:23).

인간은 죄로 말미암아 영적 생명이 죽었습니다. 그래서 영적 세계를 보지 못합니다. 인생은 본래 영생하는 존재입니다. 사람들이 그것을 깨닫지 못하는 이유는 죄 때문에 속아 이 세상밖에는 볼 수 없기 때문입니다. 그러나 보지 못한다고 영생이 없는 것은 아닙니다. 영생은 반드시 있습니다. 그리고 성경은 죄의 삯은 사망이라고 말합니다.

영생

하나님의 은사는 예수 안에 있는 영생입니다. 이 영생에 대해 확실한 믿음을 갖지 못하고 이 세상이 전부일 것이라고 속으면 그 신앙은 기복신앙으로 끝나고 맙니다. 그러나 영생을 소유하게 되면 죽는다고 하여도, 가난하게 산다고 하여도 행복함을 누리게 됩니다. 이것이 참된 기독교 신앙입니다. 왜냐하면 영생에서 참 자유가 오기 때문입니다.

그러므로 이 영생을 소유한 자는 언제, 어디서 어떠한 환경에서도 참 행복과 기쁨을 누리며 살 수 있습니다. 이러한 영생의 참 자유를 깨닫지 못하면 세상 일에 사로잡히게 되며, 근심 걱정과 탄식으로 살아가게 되는 것입니다. 영생을 소유한 자는 죽음조차도 영생으로 들어가는 과정으로 여기게 되므로 오히려 그 앞에서도 두려워하지 않고 담대할 수 있게 됩니다.

어거스틴은 영생과 이생을 '태평양과 물 한바가지'로 비교하였습니다. 영생을 알지 못하는 어리석은 인간들은 거대한 태평양 앞에 있으면서 마치 물 한바가지가 전부인 것인 줄 착각하고 이생에 얽매여 살아가고 있습니다.

부자와 나사로의 비유에서 부자는 영생에 눈이 뜨이지 않은 속은 인생이었습니다. 궁극적인 인생의 행복은 어디에 있겠습니까? 바로 영생을 아는 구원에 있습니다. 그러므로 예수 안에서 죄의 문제를 해결받고 영생을 소유한 자들이 진정 복된 인생을 살아가게 되는 것입니다.

> "그리스도께서도 한 번 죄를 위하여 죽으사 의인으로서 불의한 자를 대신하셨으니 이는 우리를 하나님 앞으로 인도하려 하심이라 육체로는 죽임을 당하시고 영으로는 살리심을 받으셨으니"(벧전 3:18).

그러나 세상 사람들은 이러한 사실을 알지 못하여 속고 있습니다. 속고 있는 사람들에게 이러한 사실을 알게 해주어 진정 복된 인생을 살도록 예수 안으로 인도하는 것이 전도입니다.

질병에 속고 있다

질병에서 건강하게 회복되어야 합니다. 질병은 예수님이 모두 지셨으므로 더 이상 나의 것이 아닙니다. 질병은 거짓입니다. 이 말은 병이 없다는 말이 아닙니다. 병 그 자체가 내 것이 아닌데 원래부터 나의 것인 양 속고 있다는 말입니다.

"이는 선지자 이사야로 하신 말씀에 우리 연약한 것을 친히 담당하시고 병을 짊어지셨도다 함을 이루려 하심이더라"(마 18:17).

"그는 실로 우리의 질고를 지고 우리의 슬픔을 당하였거늘 우리는 생각하기를 그는 징벌을 받아서 하나님에게 맞으며 고난을 당한다 하였노라"(사 53:4).

사탄은 하나님의 일을 못하게 하려고 우리에게 병을 줍니다. 병은 믿음이 떨어지게 합니다. 그러므로 병을 쫓아내야 합니다. 병은 거짓이며 나의 것이 아니기 때문입니다. 병이 인간에게 찾아온다 해도 그 병을 주님이 감당하셨기 때문에 그것을 물리쳐야 합니다.

"친히 나무에 달려 그 몸으로 우리 죄를 담당하셨으니 이는 우리로 죄에 대하여 죽고 의에 대하여 살게 하려 하심이라 저가 채찍에 맞음으로 너희는 나음을 얻었나니"(벧전 2:24).

하나님은 '여호와 라파', 즉 치료하시는 하나님이십니다. 하나님께서는 환경과 사람 등을 통하여 병을 고치십니다.

가난에 속고 있다

우리는 예수 안에서 부요해야 합니다. "가난에 속고 있다"라는 말의 "가난"은 물질의 빈곤함을 의미하는 것이 아닙니다. 예수를 믿으면 의식주의 문제는 해결됩니다. 예수님이 이 땅에서 가난하게 사신 것은 인류의 모든 가난을 가져가시기 위해서였습니다. 그러므로 성도는 자신이 가진 것이 작다 하더라도 남을 도와주며 살아갈 수 있어야 합니다. 또한 예수님이 주신 정신적인 풍요와 영적인 풍요도 풍성하게 누리며 살아가야 합니다.

하나님은 그의 자녀들에게 필요한 것을 채워주십니다. 그러므로 우리는 부요함을 누릴 수 있는데 이 부요함은 물질적인 풍요함 그 이상의 것입니다. 마음속 깊이 누리는 풍요함인 것입니다.

"우리 주 예수 그리스도의 은혜를 너희가 알거니와 부요하신 자로서 너희를 위하여 가난하게 되심은 그의 가난함을 인하여 너희로 부요케 하려 하심이니라"(고후 8:9).

부요한 자는 가난하여도 나누며 살아갈 수 있으며, 부요하지 못한 자는 물질이 많아도 나누지 못합니다.

사랑에 대해 속고 있다

인간이 불행한 것은 사랑의 빈곤 때문입니다. 사랑만 있으면 세상은 천국이 됩니다. 우리는 경쟁하며 세상을 살아갑니다. 어떻게 하든 상대방보다 높아져야 하고, 가진 것이 많아야 하고, 더 높이 올라가야 하는 것이 세상 논리입니다. 우리가 알아야 할 점은 인간이 경쟁의 대상이 아니라 사랑의 대상이라는 점입니다.

"내 계명은 곧 내가 너희를 사랑한 것같이 너희도 서로 사랑하라 하는 이것이니라"(요 15:12).

하나님께서는 이 세상을 사랑하셔서 그 아들을 보내셨습니다. 우리는 이러한 사랑을 힘입어 사람들을 품어야 합니다. 우리가 만나는 모든 사람들은 경쟁의 대상이 아닌 사랑의 대상일 뿐입니다.

"사랑하는 자들아 하나님이 이같이 우리를 사랑하셨은즉 우리도 서로 사랑하는 것이 마땅하도다 어느 때나 하나님을 본 사람이 없으되 만일 우리가 서로 사랑하면 하나님이 우리 안에 거하시고 그의 사랑이 우리 안에 온전히 이루느니라"(요일 4:11-12).

"우리가 형제를 사랑함으로 사망에서 옮겨 생명으로 들어간 줄을 알거니와 사랑치 아니하는 자는 사망에 거하느니라"(요일 3:14).

성도가 사랑의 능력을 회복하면 사탄의 궤계를 물리칠 수 있습니다. 그 구체적 사랑의 실천은 바로 전도입니다.

하나님께서는 누구든지 자기 위치에서 당하는 상황을 감당할 만한 능력을 이미 주셨습니다. 그런데도 모든 일이 피곤하고 힘이 드는 것은 그 능력을 잃어버렸기 때문입니다. 그래서 부부간의 문제, 학생과 교사와의 문제, 부모와 자녀간의 문제, 직분 감당 등의 문제가 발생합니다. 우리는 하나님께서 이미 주신 능력, 그렇지만 지금은 잃어버린 그 능력을 회복해야 합니다. 그래야 세상을 능히 이겨나갈 수 있으며 하나님의 일을 감당할 수 있습니다.

"나를 능하게 하신 그리스도 예수 우리 주께 내가 감사함은 나를 충성되이 여겨 내게 직분을 맡기심이니"(딤전 1:12).

"내게 능력 주시는 자 안에서 내가 모든 것을 할 수 있느니라"(빌 4:13).

나를 능력있게 하시는 주님 안에서 어떤 일이든, 어떤 상황이든 감당해 낼 수 있다는 믿음을 가지고 그 능력을 회복하며 세상을 이기는 것이 참된 그리스도인의 삶의 자세입니다.

기쁨에 대해 속고 있다

우리는 삶 속에서 기쁨을 찾아야 합니다. 항상 기뻐해야 합니다. 언제나 얼굴을 펴고 환한 얼굴, 웃는 얼굴로 생활해야 합니다. 내가 기뻐하면 악한 것이 떠납니다. 만일 오랫동안 슬픔 속에 빠져서 헤어 나오지 않는다면 그것은 악한 영과의 싸움에서 지고 있는 것입니다.

"그는 실로 우리의 질고를 지고 우리의 슬픔을 당하였거늘"(사 53:4).

이미 예수님은 우리의 슬픔을 담당하셨습니다. 그러므로 우리는 기뻐해야 합니다. 어려울 때, 힘든 때일수록 오히려 얼굴을 펴고 웃으시기 바랍니다. 그럴 때 슬픔을 극복할 만한 힘이 생깁니다.

저주에 대해 속고 있다

우리 삶 속에 축복을 찾아와야 합니다. 우리는 저주를 받기 위해 이 세상에 태어난 것이 아닙니다. 하나님의 사랑, 하나님의 축복은 가문의 혈통을 타고 내려옵니다. 주님께서는 십자가에서 달려 죽으심으로 저주를 끊으셨습니다.

"그리스도께서 우리를 위하여 저주를 받은 바 되사 율법의 저주에서 우리를 속량하셨으니 기록된 바 나무에 달린 자마다 저주 아래 있는 자라 하였음이라"(갈 3:13).

그러므로 예수를 믿는 자마다 아브라함의 복을 받았습니다. 우리는 저주를 끊어내야 합니다. 예수를 믿어도 어렵고 힘이 드는 것은 저주가 끊어지지 않아서입니다. 저주는 사탄의 생명입니다. 사탄의 생명인 저주의 줄을 모두 끊어버리고 그리스도의 생명으로 온전하게 바뀌어야 축복이 임하게 되는 것입니다.

마음을 톡톡 두드리는 핵심 요약

1. 인생이 실패하는 이유는 무엇입니까?

- 거짓된 것에 자꾸 속기 때문이다.

2. 우리들이 인생을 살아갈 때 속고 있는 부분은 어떤 것입니까?

- 죄사함의 비밀에 대해 속고 있다.
- 영생에 대해 속고 있다.
- 질병에 대해 속고 있다.
- 가난에 대해 속고 있다.
- 사랑에 대해 속고 있다.
- 기쁨에 대해 속고 있다.
- 저주에 대해 속고 있다.

능력 있는 삶을 위한 조언

그리스도인이란 첫째, 그리스도의 제자로서 삶의 중심에 그리스도가 있으며, 그가 예수 그리스도를 따르는 사람임이 세상에 분명히 드러나는 자들을 말한다. 둘째, 그리스도인이란 자신이 그리스도께 헌신할 뿐만 아니라 다른 사람들까지도 그리스도의 사람이 되게 하려는 열정을 가지고 있는 사람들이다. 셋째, 그리스도인이란 그리스도께 대한 헌신과 충성으로 인해, 그리고 세상의 악과 분리되어 있으며 세상과 다른 생활 양식으로 인해 비난을 당하며 주위 사람들에게 이상한 사람 취급을 받고 오해를 받는 자들이다. 이들은 비난을 당할 때 그로 인하여 더욱 기뻐하며, 그 가운데서 즐거워하고, 그리스도로 인해 비난당하는 것을 어떤 보물보다 더 귀한 것으로 여기는 사람들이다.

기도의 장벽을 넘어라

말로

나타내었든지

표현하지 않았든지 간에

기도,

그것은

영혼의 진지한 바람이요

가슴 속에서 흔들리는

숨은 불의 움직임이다.

기도의 장벽을 넘어라

누가복음 11:9-10

"내가 또 너희에게 이르노니 구하라 그러면 너희에게 주실 것이요 찾으라 그러면 찾을 것이요 문을 두드리라 그러면 너희에게 열릴 것이니 구하는 이마다 받을 것이요 찾는 이가 찾을 것이요 두드리는 이에게 열릴 것이니라."

우리가 기도를 못하는 이유는 기도의 장벽에 걸렸기 때문입니다. 사람마다 나름대로의 장벽이 있습니다. 이 장벽을 넘느냐 넘지 못하느냐에 따라서 그 사람이 성장하느냐 마느냐가 결정됩니다. 오늘날 많은 사람들은 기도를 하지 않습니다. 그러나 목사님이든 장로님이든 성도든 모두 기도해야 합니다. 루터는 "기도는 노동이다"라고 표현했습니다. 그분은 평상시에는 2시간 이상 기도했고 바쁘면 3시간 이상 기도했습니다. 큰일을 하는 사람들, 특히 하나님 앞에 쓰임을 받은 사람의 특징은 기도를 쉬지 않았다는 것입니다. 무디가 그랬고 웨슬리가 그랬습니다. 맥아더 장군 같은 경우에는 전쟁 속에서도 정확히 5시에 막사에서 기도했습니다. 빨간 깃발을 막사 위에 걸어놓고 기도했는데 그 빨간 깃발이 걸려 있으면 아무리 급한 일이 있어도 그 막사 안으로 들어오지 못했다고 합니다.

기도의 장벽을 넘을 때만 전도가 된다 ·

　기도는 맨처음에는 자기가 하는 것이지만 얼마 후에는 성령에 의해서 기도가 되어집니다. 그러나 많은 사람들이 기도의 장벽을 넘지 못합니다. 기도를 우습게 여기고 실제적인 것으로 깨닫지 못합니다. 그러니 아무리 마음의 소원이 있어도 이루기가 힘들고 하나님께 크게 쓰임받지도 못합니다. 전도는 인간의 힘으로 되는 것이 아닙니다. 전도하려는 의지는 가져야 하지만 전도의 주권은 하나님이 가지고 계십니다. 하나님께서는 전도의 영성이 열린 사람을 통해서 역사하십니다. 전도의 영성은 기도의 장벽을 넘은 자에게 열립니다.
　세상은 10년, 20년이 다르게 참으로 빨리 발전합니다. 영적으로 나쁘게 발전합니다. 상상할 수 없을 정도로 빠르게 악해집니다. 그런데 10년 전 우리의 모습과 20년 전 우리의 신앙 모습은 어떻습니까? 신앙과 기도생활이 어떻습니까? 옛날이나 지금이나 신앙의 수준이 같지는 않은지 돌아보시기 바랍니다. 세상은 빛의 속도만큼이나 빠르게 타락해 가는데 하나님의 사람은 음속의 수준이니 무슨 재주로 세상을 이기겠습니까? 그래서 오히려 예수를 오래 믿을수록 교만해져서 기도를 하지 않으므로 신앙이 떨어지는 사람들이 많은 것입니다.

기도의 장애물을 넘어라

　기도에도 양이 있습니다. 그 기도의 양이 채워져야만 장벽이 무너집니다. 아직 여러분의 장벽이 무너지지 않았다면 그것은 자신의 기도의 양을 다 채우지 못했기 때문입니다. 10년, 20년이 지나도 기도하지 않으면 그 장벽이 그대로 있습니다. 그런데 사람들은 자기의 잘못은 생각하지 않고 하나님이 없다고 생각합니다.

만일 어떤 문제에 대해 10이라는 기도의 양이 필요하다면 10만 채우면 그 문제가 해결됩니다. 어떤 장애물이 100이라면 100의 기도를 채워야 합니다. 그런데 60이 되어 포기하고, 40이 되어 포기하면 그 장벽을 넘지 못했기 때문에 기도가 응답되지 않습니다. 그 장벽을 넘었다는 것이 "빌기를 다했다"는 말입니다.

"빌기를 다하매 모인 곳이 진동하더니 무리가 다 성령이 충만하여 담대히 하나님의 말씀을 전하리라"(행 4:31).

모인 곳이 진동했다는 말은 장애물이 깨어졌다는 말입니다. 그래서 두려움으로 벌벌 떨고 있던 그들이 성령충만해져서 담대히 하나님의 말씀을 증거할 수 있었습니다. 장벽을 넘은 것입니다. 그 후로는 똑같은 문제가 와도 해결할 수 있는 것입니다. 장애물을 기도로 넘기만 하면 장애물은 그 사람에게 능력이 됩니다. 그래서 하나님께서 장애물을 주시는 것입니다. 초대교회 사도들은 장벽을 넘은 후 매를 맞는 것도 기뻐할 정도로 능력있는 전도자들이 되었습니다.

기도는 관계보다 강청이 중요하다

어떤 사람이 친구를 찾아왔는데 대접할 음식이 없었습니다. 그래서 다른 친구에게 음식을 빌리러 갔습니다. 그런데 그 친구가 불을 끄고 자고 있었습니다. 그래도 계속 음식을 달라고 요청하니까 자고 있던 친구가 하는 말이, 네가 나와 친구라는 이유만으로는 주지 않겠지만 너의 강청함 때문에 준다고 했습니다.

이 비유에서 주님이 가르쳐주고자 하는 교훈은 기도는 관계보다 강청이 중요하다는 것입니다. 이것은 관계성을 무시한 게 아닙니다. 그러나 오늘 현대 교회는 관계만을 중요시 여기는 경향이 있습니다. 관계도 중요하지만 강청은 더욱 중요합니다.

현대인은 하나님과의 관계를 과신하느라 기도하지 않는 경우가 많습니다. 내가 장로이니까, 권사이니까, 집사이니까 기도하지 않아도 하나님이 주실 거야, 라는 착각을 하고 있는 것입니다. 관계를 너무 과신하고 있기 때문에 기도하지 않는 것입니다. 그것이 하나님으로부터 응답을 얻지 못하는 이유입니다.

저는 딸만 셋 두었습니다. 자식을 키워보면 알겠지만, 아이들의 성품이 다 다릅니다. 첫째 아이가 저에게 "아빠, 돈 좀 주세요." 합니다. 그러면 이러면 안 되겠지만 "돈 없어"라는 말이 먼저 튀어나옵니다. 자동입니다. 그러면 "그래요? 그럼 다음에 주세요"라고 말하곤 그냥 갑니다. 둘째 녀석이 "아빠, 돈 좀 주세요." 합니다. 그때도 자동으로 "돈 없어" 합니다. 그러면 둘째 녀석도 "돈 생기면 주세요" 합니다. 셋째 녀석이 들어옵니다. "아빠, 돈 좀 주세요."그러면 저는 "아빠 돈 없다"라고 합니다. 그런데 셋째 녀석은 "아유 왜 그러세요, 돈 좀 주세요"라고 합니다. 한번 늘어붙기 시작하면 끝을 봅니다. 자고 있는데 누가 어깨를 주물러요. 일어나 보면 그 녀석입니다. 씽끗 한번 웃고는 돈 좀 주세요, 합니다. 구두도 닦아놓고, 옷도 털어 줍니다. 결국 이 녀석은 저에게서 돈을 받아갑니다. 같은 자식이라도 달라는 자에게 더 줄 수밖에 없는 것입니다.

관계를 너무 과신해서 기도를 안 하진 않으십니까? 그래선 얻지 못합니다. 강청하십시오 그래야 얻을 수 있습니다.

기도는 경험한 자만 알 수 있다

"구하라 그러면 너희에게 주실 것이요 찾으라 그러면 찾을 것이요 문을 두드리라 그러면 너희에게 열릴 것이니 구하는 이마다 받을 것이요 찾는 이가 찾을 것이요 두드리는 이에게 열릴 것이니라"(마 7:7-8).

"구하는 이마다…찾는 이가…두드리는 이에게"라는 말에는 기도를 경험한 사람만이 기도가 무엇인지 알 수 있다는 의미가 내포되어 있습니다. 깊은 기도와 열심있는 간구를 통해서 응답받을 때 기도를 알아가게 되는 것입니다. 기도는 이론보다는 실제입니다. 실제로 기도해야 기도의 맛을 알 수 있습니다.

한나는 아이가 없는 자신의 신세를 하나님 앞에 나아가 토로했습니다. 이때 그녀는 무거움에서 자유를 얻게 되었습니다. 잘했든 못했든 그것은 상관없습니다. 자신의 상태 그대로 하나님께 털어놓으십시오. 그러면 하나님이 정확하게 구별시켜 주십니다. "참아라, 걱정 말라, 네가 잘못했다…" 등등의 응답을 주심으로 기도를 가르쳐 주십니다. 이는 해본 사람만이 경험할 수 있는 부분입니다. 기도는 어려운 것이 아닙니다. 마음을 토해 기도하시기 바랍니다. 하나님께서는 두드리는 이에게, 찾는 이에게, 구하는 이에게 성실히 응답하실 것입니다.

기도하면 복을 얻는다

기도해서 하나님께 얻은 것은 다 유익하지만 기도하지 않고 얻은 것은 자신에게 유익하지 않습니다. 만일 어떤 사람이 기도하지 않았는데 성공했다면 그 사람은 그것 때문에 망합니다. 그것 때문에 엄청난 고통을 당합니다.

육적 생활뿐만 아니라 영적으로도 문제가 됩니다. 하늘의 법칙은 보물찾기에서 보물을 하나하나 찾아가듯이 기도로만 좋은 것을 찾아가도록 되어 있습니다. 예수님께서 말씀하셨습니다. "저가 내 안에, 내가 저 안에 있으면 이 사람은 과실을 많이 맺나니 나를 떠나서는 너희가 아무것도 할 수 없음이라"(요 15 :5). 이 말씀을 그대로 받아들이시기 바랍니다. 주님을 떠나서는 아무것도 할 수 없음을 믿는 사람에게 축복이 있습니다.

기도를 못 하게 하는 장벽

기도해도 소용없다는 생각

자식에게 나쁜 것을 주는 부모는 없습니다. 자식이 요청하는데 그것을 외면하는 부모도 없을 것입니다. 기도해도 소용없다고 생각하는 것은 사탄의 궤계입니다. 만일 우리가 신앙 생활하면서 자신도 모르게 기도가 약해졌다면 그것은 기도해도 소용없다는 의식이 들어와 있다는 반증입니다. 기도는 하면 할수록 좋아집니다. 마귀의 궤계에 속지 마십시오. 기도는 저축입니다. 유럽에서는 백년 만에 기도응답이 된 경우도 있었다고 합니다. 좋으신 하나님께 기도하면 할수록 모든 것이 좋아집니다. 우리 속에 몰래 들어와 있는 '기도해도 소용없다' 는 의식을 벗어버리시기 바랍니다. 이 장벽을 넘기를 바랍니다.

우리는 기도를 저축해야 합니다. 기도하면 우리뿐만 아니라 우리의 자식들이 받을 수 있고, 현세에서 받지 못하면 천국 가서도 받을 수 있습니다. 몇천 년의 기도의 역사가 이러한 사실을 증명합니다. 당신의 한계를 넘으십시오.

기도하면 더 나빠진다는 생각

기도하면 더 나빠진다는 생각은 사탄이 더 강하게 뿌려놓은 궤계입니다. 누가복음 11:11-13을 보십시오.

"너희 중에 아비 된 자 누가 아들이 생선을 달라 하면 생선 대신에 뱀을 주며 알을 달라 하면 전갈을 주겠느냐 너희가 악할지라도 좋은 것을 자식에게 줄 줄 알거든 하물며 너희 천부께서 구하는 자에게 성령을 주시지 않겠느냐 하시니라."

예수님께서는 생선과 뱀, 알과 전갈을 대비시키셔서 말씀하셨습니다. 이 둘은 모양은 비슷하지만 속성은 전혀 반대입니다. 전갈은 사막 거미입니다. 전갈이 다리를 오므리면 새알과 비슷한 모습입니다. 전갈인 줄 모르고 그걸 집으면 쏘이게 되는데, 전갈은 독성이 강해서 사람을 죽음에 이르게도 합니다.

왜 예수님께서는 이러한 극단적인 비유를 하고 계실까요? 그것은 기도하면 더 나빠진다고 생각하는 사람이 있기 때문입니다. 부모가 자식에게 좋은 것을 줄줄 알거든 하물며 천부께서 나쁜 것을 주겠냐고 반문하시는 것입니다. 기도를 안 해서 문제이지, 기도하면 그것이 축복이요 능력이 되는 것을 믿으시기 바랍니다.

기도는 시간 있을 때 해야 한다는 생각

기도는 지금이 아니면 할 수 없습니다. 기도는 미루면 무력해집니다. 지금 바쁘니까 나중에 하겠다는 생각을 조심하십시오. 나중에 하는 기도가 지금 하는 기도내용과 같을 수가 없습니다. 기도는 지금 이 순간에 하지 않으면 못 합니다. 남편 직장 보내고 아이들 학교 보낸 후에 기도하려고 하면 신문값 받으러 오고 우유값 받으러 옵니다. 그러면 기도하지 못하고 결국 포기하게 됩니다. 일 터진 후 30일 기도, 40일 기도 하지 마시고 지금 기도하십시오. 평상시에 지속적으로 하는 기도가 중요한 것입니다.

기도 장벽을 극복하는 길

우리는 기도를 막고 있는 장벽이 무엇인지 배웠습니다. 이제 기도의 장벽을 넘는 일만 남았습니다. 기도의 장벽을 넘어야 전도할 수 있고, 복된 삶을 누리며 승리할 수 있는 것입니다.

하나님은 최고의 것을 주신다

하나님은 좋으신 분입니다. 하나님에게는 조금이라도 악한 것이나 어두운 것이 없습니다. 그러므로 하나님께 구하면 구할수록 우리에게는 최선의 것과 최고의 것으로 응답해 주십니다. 기도할수록 좋아집니다.

하나님은 내 생각 이상으로 주신다

우리들은 내 생각대로 주지 않으면 응답이 없다고 생각하지만 하나님은 내 생각을 넘는 분이십니다. 초등학교 3학년 아이가 100cc급 오토바이를 사달라고 한다면 누구도 그 아이에게 그것을 사주지 않을 것입니다. 그 아이가 오토바이를 타도 될 나이까지 기다릴 것입니다. 그 아이가 아무리 간절히 구하더라도 그때는 사줄 수가 없는 것입니다. 마찬가지입니다. 하나님께서는 때가 되면 우리에게 적절한 것으로 주실 줄로 믿으시기 바랍니다.

여러분, 기도수첩을 마련하십시오. 기도수첩에 간구한 걸 적어두십시오. 시간이 지난 후에 그 수첩을 보면 사랑이 많으신 하나님이 우리의 생각에 넘치도록 역사하셨다는 것을 발견할 수 있을 것입니다.

기도하는 사람에게 성령을 주신다

우리에게 어떤 어려운 문제가 있고, 힘든 일이 있어서 기도할 때 하나님께서는 응답하십니다. 사업 문제, 자식 문제, 가정 문제, 직장 문제를 놓고 기도하십시오. 하나님이 응답하실 것입니다. 그러나 여기에서 끝나지 않습니다. 하나님께서는 성령을 주십니다. 이것이 가장 큰 은혜입니다. 성령은 오늘날 하나님을 믿고 살아가는 자의 삶의 인도자이시며 능력의 원천이십니다. 저는 지금까지 기도하지 않는 사람이 성령 받는 걸 보지 못했습니다. 지금이라도 기도하십시오. 성령이 임하시면 여러분의 문제가 해결됩니다.

마음을 톡톡 두드리는 핵심 요약

1. 기도의 주권은 누구에게 있습니까?

-하나님

2. 기도를 하지 못하는 이유는 무엇입니까?

-기도해도 소용없다고 생각하기 때문에.
-기도하면 더 나빠진다고 생각하기 때문에.
-기도는 시간 날 때 해야 한다고 생각하기 때문에.

3. 하나님이 당신의 기도에 응답하신 것을 조용히 묵상해 보십시오. 어떤 문제들이 응답 받았습니까?

4. 기도수첩이 없는 분들은 기도수첩을 마련하시기 바랍니다. 상세히 기도제목들을 기록해 두십시오. 그리고 하나님이 성실히 응답하심을 목도하시기 바랍니다.

능력 있는 삶을 위한 조언

규칙적인 기도의 습관을 확실하게 들이십시오. 습관이 들게 되면 시간과 장소와 방법이 불규칙한 모든 상황 속에서도 규칙적으로 항상 기도할 수 있게 될 것입니다. 은밀한 곳에서 기도하다 보면 공적인 모든 장소에서도 기도할 수 있는 정신이 생길 것입니다. 이렇게 되면 당신의 필요를 하나님께 말씀 드릴 것이고 하나님은 그것을 들으실 것입니다.

전도에 꼭 필요한 네 가지 확신

성령의 역사가

가장 불같이 일어나는 때는 전도할 때입니다.

하나님의 가장 큰 관심사가 전도이기 때문입니다.

당신이 전도에 대한 소원을 가지고 기도하며 배우면

반드시 그에 필요한 동력이 임하게 되어 있습니다.

이 동력이란 내가 전도하는 것이 아니라

하나님이 나를 통해 전도하신다는 것을 체험함을 말합니다.

전도에 꼭 필요한 네 가지 확신

마태복음 28:16-20

"하늘과 땅의 모든 권세를 내게 주셨으니 그러므로 너희는 가서 모든 족속으로 제자를 삼아 아버지와 아들과 성령의 이름으로 세례를 주고 내가 너희에게 분부한 모든 것을 가르쳐 지키게 하라 볼지어다 내가 세상 끝날까지 너희와 항상 함께 있으리라 하시니라."

전도는 하나님의 지상(至上)명령입니다. 우리 주님께서 부활하신 후 갈릴리 바닷가에서 제자들을 만나서 마지막으로 부탁한 말씀이기 때문입니다.

"열한 제자가 갈릴리에 가서 예수의 명하시던 산에 이르러 예수를 뵈옵고 경배하나 오히려 의심하는 자도 있더라 예수께서 나아와 일러 가라사대 하늘과 땅의 모든 권세를 내게 주셨으니 그러므로 너희는 가서 모든 족속으로 제자를 삼아 아버지와 아들과 성령의 이름으로 세례를 주고 내가 너희에게 분부한 모든 것을 가르쳐 지키게 하라 볼지어다 내가 세상 끝날까지 너희와 항상 함께 있으리라 하시니라"(마 28:16-20).

본문은 주님께서 전도를 얼마나 귀하게 생각하셨는지 알 수 있는 부분입니다. 예수님께서는 "내가 너희에게 분부한 모든 것"을 다 지킬 때 너희와 항상 함께 있겠다고 하셨습니다. 주님의 지상명령을 지키는 자들에게 주님이 세상 끝날까지 함께한다는 말입니다.

물론 우리가 주님을 영접하면 주님이 우리 속에 와 계시지만, 함께하지 않을 수도 있습니다. 만일 시부모를 모시고 사는 사람이 시부모를 무시하고 산다면 시부모가 물리적으로 계시기는 하지만 시부모와 함께하는 것이 아닙니다. 도움을 주는 것도 아니고 교제가 되는 것도 아니니 말입니다. 마찬가지로 주님이 우리 속에 와 계시지만 그분의 뜻을 알지 못하고 그분과 교제하지 않는다면 아무런 역사도 일어나지 않습니다. 주님이 영원히 함께하신다는 약속의 말은 주님이 원하는 명령에 따라서 순종할 때 함께하신다는 의미입니다.

"인자의 온 것은 잃어버린 자를 찾아 구원하려 함이니라"(눅 19:10).

예수님께서 오신 것은 잃어버린 자를 구하려 함입니다.

"인자의 온 것은 섬김을 받으려 함이 아니라 도리어 섬기려 하고 자기 목숨을 많은 사람의 대속물로 주려 함이니라"(막 10:45).

예수님께서는 우리의 죄를 사하시기 위하여 십자가에서 피 흘려 죽으셨습니다. 그 사명 때문에 이 땅에 오신 것입니다.

"이르시되 우리가 다른 가까운 마을들로 가자 거기서도 전도하리니 내가 이를 위하여 왔노라 하시고"(막 1:38).

예수님이 왔다는 소리를 들은 사람들이 벌떼처럼 몰려왔습니다. 요즘 인기가수 공연 때 많은 팬들이 모인 것처럼 말입니다. 예수님도 가수 못지 않은 인기가 있었습니다. 그래서 예수님은 그들을 피해 다른 마을로 가셨습니다. 예수님은 자신이 전도하러 이 땅에 오셨다는 사실을 항상 인식하고 계셨습니다. 영혼 구원이라는 목적이 분명한 것입니다. 우리가 주님의 마음을 알아 그 목적을 이루어 갈 때 영원토록 주님은 우리와 함께하십니다.

전도에 꼭 필요한 확신 4가지

예수님이 부활하셨다는 확신

예수님께서는 부활한 후 갈릴리에서 다시 만나게 될 것을 약속하셨습니다. 그래서 제자들이 갈릴리에 모인 것입니다. 그런데 예수께 인사하는 사람들 중에 오히려 의심하는 사람도 있었습니다.

"열한 제자가 갈릴리에 가서 예수의 명하시던 산에 이르러 예수를 뵈옵고 경배하나 오히려 의심하는 자도 있더라"(마 28:16-17).

주님이 죽으셨다가 다시 부활했다는 확신이 없는 사람은 절대 전도할 수 없습니다. 2000년 전에 부활한 주님을 직접 보고도 의심한 사람이 있었습니다. 그러므로 2000년이 지난 지금, 예수 부활을 의심하는 건 인간적으로 볼 때는 당연한 일입니다. 2000년 전에도 예수 부활의 확신과 체험이 있는 사람만 전도할 수 있었습니다. 지금도 마찬가지입니다. 성령으로 체험하고 확신하는 사람만 전도할 수 있습니다. 초대교회에는 부활하신 주님이 성령으로 역사하심을 체험한 사람들이 모여서 하나님 앞에 경배드리다 보니 교회가 된 것입니다. 교회는 부활한 주님을 믿는 사람들의 공동체입니다. 이러한 교회는 초대교회로부터 시작하여 계속 이어져 왔습니다. 예수님이 십자가에서 죽으시고 부활하셔서 하나님 보좌 우편에 계시며, 성령님을 보내

주셔서 영으로 주님이 오신 줄 믿는 사람만 전도할 수 있습니다. 이러한 체험이 있는 사람만 전도할 수 있습니다.

예수님이 하늘과 땅의 권세를 가지고 계시다는 확신

"예수께서 나아와 일러 가라사대 하늘과 땅의 모든 권세를 내게 주셨으니"(마 28:18).

주님께서는 영혼을 구원하는 방향으로 이 우주를 다스리십니다. 그러므로 주님의 마음에 합한 일을 할 때에는 길이 열립니다. 환경이 바뀝니다. 그러한 권세를 우리 주님께서 가지고 계시기 때문입니다. 이러한 믿음을 소유하고 있으면 전도할 수 있습니다.

누구든지 예수를 믿으면 구원을 받는다는 확신

누구든지 예수를 믿는 사람은 구원을 받습니다. 백인이든 흑인이든 황인이든, 노인이든 젊은이든, 여자든 남자든, 어른이든 어린이든 간에 어떤 사람이라도 예수를 믿어야 하며 예수를 믿으면 구원을 얻습니다. 누구든지 예수를 믿어야 길이 열립니다. 전도자는 이러한 확신이 있어야 합니다.

전도가 죄의 문제를 해결해 준다는 확신

"그러므로 너희는 가서 모든 족속으로 제자를 삼아 아버지와 아들과 성령의 이름으로 세례를 주고"(마 28:19).

아버지와 아들과 성령의 이름으로 세례를 준다고 했습니다. 왜 이렇게 긴 문장을 썼을까요? '하나님의 이름으로' 라고 말해도 되는데 왜 굳이 세 분의 이름을 썼습니까? 그것은 삼위 하나님의 모든 관심사가 인간의 죄의 문제에 집결되어 있다는 것을 보여주기 위함입니다.

오늘날 인간의 문제는 죄의 문제입니다. 죄의 문제가 해결되어야 사람이 살아날 수 있습니다. 전도는 가장 근본적인 문제인 죄의 문제를 해결해 줍니다. 구원받아 천국에 갈지라도 이 세상에서 문제가 해결되지 않는 것은 죄 문제 때문입니다. 예수님께서도 목욕한 자는 발을 씻으라고 하지 않았습니까? 구원받은 자는 날마다 죄를 회개해야 합니다. 믿는 자의 생활도 이러한데 믿지 않는 자의 생활은 말할 것도 없습니다. 전도는 사람들을 교회로 인도하는 것에 그치는 것이 아니라 그 사람의 죄의 문제를 해결해 주어야만 하는 것입니다. 거기까지가 전도의 1차 목표입니다.

양육, 전도의 완성

"내가 너희에게 분부한 모든 것을 가르쳐 지키게 하라 볼지어다 내가 세상 끝날까지 너희와 항상 함께 있으리라 하시니라"(마 28:20).

전도자는 새신자가 스스로 신앙생활을 할 수 있을 때까지 가르쳐 지키게 해야 합니다. 그래야 전도가 완성되는 것입니다. 이것을 양육이라고 합니다. 예수님께서는 분부하고 가르친 것을 지키게 하라고 하셨습니다. 그럴 때만 "내가 너와 세상 끝날까지 함께 있으리라"라고 하셨습니다. 이런 일을 하는 자와 함께있겠다는 것입니다. 교회는 모름지기 이 일을 감당해야 합니다. 주님 오시는 날까지 이 사명을 감당하시기를 원합니다.

마음을 톡톡 두드리는 핵심 요약

1. 전도할 때 꼭 필요한 네 가지 확신은 무엇입니까?

- 예수님이 부활하셨다는 확신
- 예수님이 하늘과 땅의 권세를 가졌다는 확신
- 예수님을 믿기만 하면 구원받는다는 확신
- 전도가 죄 문제를 해결한다는 확신

2. 위의 네 가지 중 당신이 확신하지 못하는 부분은 무엇입니까?

3. 전도의 완성은 무엇입니까?

- 양육이 전도의 완성입니다. 새신자를 전도해서 그가 잘 자라도록 양육하는 데까지 힘써야 합니다.

능력 있는 삶을 위한 조언

전도자는 항상 하나님 말씀에 확신을 가져야 합니다. 또한 우주 만물이 하나님의 말씀으로 창조되었으며 지금도 하나님의 섭리대로 유지되고 있다는 확신을 가져야 합니다. 말씀은 사람에게 최고의 유익을 줍니다. 말씀대로 하면 당장은 손해보는 것 같으나 결국은 합력하여 선을 이루게 됩니다. 전도자는 이 확신을 가지고 전도해야 합니다.

강권하여 전도하라

만일 여러분이
낭떠러지가 있는 곳에
놀러갔다고 합시다.
그런데 3살 정도 먹은
여러분의 아이가 아장아장 걸어서
그곳으로 가고 있다면,
여러분은 어떻게 하시겠습니까?
아마 그 아이를 쫓아가며 있는 힘을 다하여
그 아이를 부를 것입니다.
그 아이가 조금 다치더라도
있는 힘껏 그 아이를 붙잡을 것입니다.

강권하여 전도하라

누가복음 14:15-24

"종이 돌아와 주인에게 그대로 고하니 이에 집주인이 노하여 그 종에게 이르되 빨리 시내의 거리와 골목으로 나가서 가난한 자들과 병신들과 소경들과 저는 자들을 데려오라 하니라."

우주만물은 하나님의 뜻에 의해서 운행되고 있습니다. 우리가 이 세상을 볼 때 부조리가 만연하고 악한 사탄이 움직이는 것 같지만 그건 잠깐입니다. 주님이 재림하시면 우주만물은 완전 정복됩니다.

환경이란 이름의 파랑새

이 우주는 영혼을 구원하는 원칙에 따라 움직이고 있습니다. 하나님께서 구원의 뜻을 가지고 이 우주를 움직이신다는 말입니다. 그러므로 우리가 영혼 구원하는 일에 눈을 뜨기 시작하면 환경이 우리를 도와줍니다. 우리는 너나할 것 없이 축복을 바랍니다. 그러나 축복 자체만을 바라보고 파랑새처럼 축복을 쫓아다니면 결코 얻지 못합니다. 축복이 우리를 쫓아오게 만들어야 하는 것입니다. 그렇게 하려면 우리 스스로가 변해야 합니다. 문제는 축복이 아니라 우리가 어떤 사람인가에 있습니다.

아브라함은 환경의 축복을 받은 사람이었습니다. 그가 가는 곳마다 기적이 일어났습니다. 롯과 땅을 놓고 다툴 때에 아브라함이 어떤 땅을 가졌습니까? 롯은 기름지고 옥토인 소돔과 고모라를 택했습니다. 아브라함은 황무지를 택했습니다. 그러나 옥토인 소돔과 고모라는 멸망했습니다. 롯의 사위들이 죽고 아내는 소금기둥이 되었습니다. 그러나 사막을 가진 아브라함은 사막을 파헤치기만 하면 샘이 솟구쳤습니다. 그러니 자연히 목초지가 생기게 되었습니다. 그의 기업은 번창했습니다. 생명을 아는 사람, 하나님이 동행하는 사람은 환경의 지배를 받지 않습니다.

어떤 교회가 영혼을 구원하는가?

하나님께서는 교회를 통해 영혼을 구원하십니다. 우리는 전도를 할 때에 교회를 통해서 해야 합니다. 아무리 좋은 일을 했다 하더라도 교회가 나누어지면 하나님의 뜻이 아닙니다. 터툴 경은 "교회를 떠나서는 구원이 없다"고까지 말했습니다. 이 사상을 아우구스티누스가 전수받았고, 칼빈과 루터에게도 전수되었습니다.

그리고 새신자의 양육은 교회가 해야 합니다. 물론 교회가 완전하지 않고 문제도 많이 일으킵니다. 서로 다른 사람들끼리 모였으니 당연하지요. 그렇지만 교회가 아무리 문제가 있더라도 하나님께서는 주님이 오시기까지 교회를 통해서 구원하십니다.

그러면 어떤 교회가 사람을 구원시키며 부흥이 됩니까?

"함께 먹는 사람 중에 하나가 이 말을 듣고 이르되 무릇 하나님의 나라에서 떡을 먹는 자는 복되도다 하니 이르시되 어떤 사람이 큰 잔치를 배설하고 많은 사람을 청하였더니"(눅 14:15-16).

잔칫집 같은 교회

교회는 잔칫집 같아야 합니다. 잔칫집에는 먹을 것이 많고 즐겁고 흥겹습니다. 시골에서 잔치를 하면 많은 사람들이 일 주일 전부터 기다립니다. 그리고 거기서 실컷 먹고는 잔뜩 싸가지고 옵니다. 잔칫집에는 면장도 한 상, 거지도 한 상입니다. 어른도 한 상, 아이들도 한 상입니다. 어떤 사람이든지 실컷 먹을 수 있습니다. 빈부 귀천이 없습니다. 이러한 것이 잔치입니다. 잔치집 같은 교회, 잔치집 같은 예배는 시간 가는 줄 모르게 합니다. 그런데 오늘날에는 초상집 같은 교회가 많습니다. 그렇기 때문에 세상 사람들이 교회에 나오지 않는 것입니다. 세상 사람들은 이해타산이 빠릅니다. 교회가 TV 프로그램이나 놀이보다 재미있어야 합니다. 잔칫집 같아야 교회가 부흥하는 것입니다.

그런데 예수님의 잔치에는 세상 잔치를 끝낸 사람만 참여할 수 있습니다.

"명절 끝 날 곧 큰 날에 예수께서 서서 외쳐 가라사대 누구든지 목마르거든 내게로 와서 마시라"(요 7:37).

이스라엘 백성들은 일 년에 세 번씩 예루살렘 성에 모여 잔치를 벌였습니다. 그런데 그 잔치를 하면 할수록 율법에 얽매여 목이 마르게 되었습니다. 세상 사람들이 교회 잔치에 참여하지 않거나 교회 잔치를 못 견디고 피곤해하는 이유는 세상 잔치를 끝내지 않아서입니다. 세상 잔치를 끝낸 사람만 교회에 나올 수 있습니다. 세상 잔치는 하면 할수록 목이 마릅니다. 그리고 세상 잔치를 끝내지 못하면 절대 주님의 잔치에 들어오지 못합니다. 예수님께서는 "내가 주는 물을 먹는 자는 영원히 목마르지 아니하리니 나의 주는 물은 그 속에서 영생하도록 솟아나는 샘물이 되리라"(요 4:14)라고 말씀하셨습니다. 이런 잔치를 교회에서 벌여야만 세상 사람들이 하나 둘씩 들어오기 시작하는 것입니다.

모든 것이 준비된 교회

"잔치할 시간에 그 청하였던 자들에게 종을 보내어 가로되 오소서 모든 것이 준비되었나이다 하매"(눅 14:17).

영혼을 구원하는 교회는 모두 준비되어 있어야 합니다. 세상에 나가서 문제 있는 사람들을 초청할 준비를 다 갖추어야 하는 것입니다. 병든 자, 가정에 문제가 있는 자, 사업이 어려운 자는 모두 오라고 외칠 수 있어야 합니다. 모든 것이 준비되어 있는 교회는 자신있게 외칠 수 있습니다. 교회에 오면 해결된다고 외쳐야 합니다. 어떤 사람은 기복신앙이라 할지도 모르겠습니다. 그러나 그건 잘 몰라서 하는 이야기입니다.

그러면 '다 준비되었다'는 말이 무슨 의미입니까? 이 뜻을 잘 알아야 기복신앙이라는 말을 하지 않게 되는 것입니다. 교회에 오면 해결된다는 말은 교회에 오면 뭐든지 내 뜻대로 된다는 것이 아닙니다. 하나님 뜻대로만 살면 길이 열립니다. 아무리 어려운 사정이 있다 하더라도 거기에 길이 있게 되어 있습니다. 문제는 우리가 하나님의 뜻을 찾지 못하는 데 있는 것입니다. '다 준비되었다'는 것은 우리가 교회에 와서 말씀을 제대로 알아듣기만 한다면 그 말씀에 하나님의 뜻이 있기 때문에 우리의 길이 열리게 되어 있다는 것을 의미합니다. 다 준비된 교회만이 영혼을 구원할 수 있으며 부흥되는 것입니다. 세상 사람들에게 나가서 외치십시오. "다 준비되었으니 우리 교회로 오십시오!"

우리 교회에 새신자 한 분이 오셨습니다. 교회에 3개월 정도 다니시더니 등록을 하겠다고 저를 찾아왔습니다. 그러고는 약 봉지를 쓰레기통에 버리는데, 무슨 약이냐고 물었더니 독약이라고 하더군요. 그분 사연은 이렇습니다. 60년대 말~70년대 초 우리 나라가 서독으로 간호사와 광부를 수출한 적이 있습니다. 그분이 간호사로 9년간 근무하다가 한국에 돌아왔습니다. 그런데 9년 동안 한국 상황이 너무나 많이 바뀌어서 적응을 할 수 없었습니다. 그때 남편을 만났는데 그는 너무 무책임하고 부양능력이 전혀 없는 사람이었습니다. 결혼 생활을 하다 너무 지쳐버린 그분은 아이 셋을 데리고 집을 나왔습니다. 그리곤 안 해본 일이 없을 만큼 고생했습니다. 한때는 인텔리 여성이었던 그녀가 말입니다. 그렇게 8년이 지났지만 형편은 나아지지 않았습니다. 정말 견딜 수 없는 상황이었습니다. 그분은 하나님이 살아 계시다면 왜 나의 기도를 외면하실까 생각했답니다. 그래서 여러 교회를 돌아다니다가 우리 교회에 온 것입니다.

저는 그분에게 3년만 말씀에 순종해보라고 했습니다. 그분은 성가대, 교사 등등 열심히 교회 봉사하며 하나님을 잘 섬겼습니다. 그런데 1년이 지난 후 그녀의 남편이 돌아왔습니다. 술을 다 끊고 새사람이 되어서 말입니다. 하나님의 말씀에 순종하니까 길이 열린 것입니다.

교회는 모든 것이 다 준비되어 있습니다. 교회에 나오시라고 여러분들의 이웃에게 전도하시기 바랍니다. "누구에게도 길은 있습니다. 교회로 오십시오. 당신에게도 기회는 있습니다."

강권하여 데려오라

그러면 어떻게 하면 세상 사람들을 교회에 데리고 올 수 있겠습니까? 우리는 세상 사람들을 강권하여 데려와야 합니다. 루터는 하나님의 집이라 할지라도 비어 있다면 그 자리엔 사탄이 앉게 된다고 말했습니다. 충격적인 이야기가 아닐 수 없습니다. 그러므로 우리는 사람들을 강권해서 하나님의 집을 채워야 합니다. '강권한다'는 말은 전도대상자의 인권이나 개인의 자유를 조금 억압한다 할지라도 그를 강하게 초청하고 전도하라는 뜻입니다. 어떤 이가 만약에 예수를 영접하여 구원을 받는다면 그 어떤 자유가 잠시 억압되고 유보된다 할지라도 그에게는 큰 축복이 아닐 수 없기 때문입니다. '강권하라'는 말은 헬라어로 '아낭카손'이라 하는데, 거기에는 팔을 비틀어서라도 끌고 오라는 뜻이 내포되어 있습니다.

"만일 네 손이 너를 범죄케 하거든 찍어 버리라 불구자로 영생에 들어가는 것이 두 손을 가지고 지옥 꺼지지 않는 불에 들어가는 것보다 나으니라"(막 9:43).

성경은 두 손이 죄를 짓게 하거든 손을 자르고 천국에 가는 게 나을 것이라고 말합니다. 그러니 팔을 비틀어서라도 끌고 오라는 말이 틀린 말이 아닙니다. 이만큼 생명의 문제는 중요한 것입니다. 이것은 인격의 문제가 아닙니다. 생사가 걸린 중대한 문제인 것입니다.

만일 여러분이 낭떠러지가 있는 곳에 놀러갔다고 합시다. 그런데 3살 정도 먹은 여러분의 아이가 아장아장 걸어서 그곳으로 가고 있다면, 여러분은 그 아이를 어떻게 부르겠습니까? 인격적으로 "아가야" 하고 부르겠습니까? 아마 그 아이를 쫓아가며 있는 힘을 다하여 그 아이를 부를 것입니다. 눈에 보이는 게 없을 것입니다. 그 아이가 조금 다치더라도 있는 힘껏 그 아이를 붙잡을 것입니다.

70-80년 정도 사는 이 세상에서의 일도 그러한데 하물며 영원한 생명이

걸린 문제이겠습니까? 지금 여러분의 남편, 부모, 친구가 낭떠러지로 가고 있는데 인격을 운운하겠습니까? 팔을 비트는 게 아니라 다리가 부러져도 할 수만 있으면 하나님께 나아와 부름받게 해야 합니다. 여러분, 강권한다는 말에 얼마나 중요한 의미가 있는지 다시 한번 상기해 보십시오.

강권하는 방법을 잘 알아야 한다

전도자는 무조건 사람들을 강권해서는 안 됩니다. 강권해야 할 사람과 강권하지 말아야 할 사람이 있습니다. 이 말은 사람을 구별하라는 뜻이 아닙니다. 지금 당장 강권하지 말고 때를 기다려 기도하라는 것입니다. 전도 대상자 중에는 강권의 대상과 기도의 대상이 있습니다. 만약 이것을 모르고 강권의 대상이 아닌 자를 붙잡고 무조건 강권하다 보면 전도하려다가 전도는 되지 않고 오히려 전도자가 탈진하여 전도의 힘을 상실할 우려가 있습니다. 그러므로 이것을 구분할 수 있는 눈을 지니는 것이 대단히 중요합니다.

그러면 강권하지 말아야 할 대상은 누구입니까? 세상에 붙들려 바쁜 사람은 안 됩니다. 이 사람들은 지금은 강권의 대상이 아니므로 계속 기도해야만 합니다. 그리고 때가 될 때 그들을 강권하면 효과적입니다. 그러면 예수님의 비유를 통하여 강권의 대상이 아닌 자를 살펴보겠습니다.

물질적인 욕망에 붙들린 사람

"다 일치하게 사양하여 하나는 가로되 나는 밭을 샀으매 불가불 나가 보아야 하겠으니 청컨대 나를 용서하도록 하라 하고"(눅 14:18).

밭을 샀다는 이 사람은 물질적인 욕망에 붙들린 사람을 말합니다. 우리가 세상에서 살려면 물질이 필요하지만 유독 물질에 붙들려 있는 사람은 강권의 대상이 아닙니다. 이 사람은 기도의 대상입니다. 물론 물질이 많은 사람이 모두 물욕에 붙들린 자는 아닙니다. 물질이 많고 적은 것에 상관없이 물질에 사로잡힌 자는 전도될 수 없습니다. 교회에 나와도 오래 다니지 못합니다.

그러면 어떤 사람이 물욕에 붙들린 사람입니까? 입에서 돈이라는 말이 떨어질 줄 모르는 사람입니다. 이 사람들이 반드시 돈이 많지는 않습니다. 시장에 가보면 장사하는 분들 중에 정말 악착같이 장사를 하는 분이 있습니다. 이분들은 전도하기가 참 어렵습니다. 그러나 이분들이 물질이 아무것도 아니라는 것을 깨달을 때에 하나님께 나올 수 있습니다. 그때까지는 이분들을 위해 기도해야 합니다. 이를 구분할 줄 알아야 합니다.

재주와 기술의 욕심에 붙들린 사람

"또 하나는 가로되 나는 소 다섯 겨리를 샀으매 시험하러 가니 청컨대 나를 용서하도록 하라 하고"(눅 14:19).

소를 사서 시험하겠다는 이 사람은 지식적인 욕망, 즉 인간의 재주와 기술의 욕심에 붙들린 자입니다. 우리 나라 사람들은 누가 무언가를 배우는 것을 아주 좋게 생각합니다. 그러나 우리는 이 부분에서 자칫 잘못하면 속을 수도 있습니다. 하나님 없이 지나치게 지식이나 재주에 욕심을 갖는 것, 그 자체가 좋은 것이라고 착각할 수 있지만 사실은 이것도 인간의 욕망일 뿐입니다. 하나님 없는 지식은 정욕입니다. 이것이 너무 지나치면 죄를 짓게 되고 하나님을 반역하게 되는 것입니다. 우리는 속지 말아야 됩니다. 하나님 없는 지식이 아무리 화려하고 커 보이더라도 결국은 하나님을 불신하고 배역한다는 사실을 기억해야만 합니다. 진정한 지식은 여호와를 경외하는 데 있습니다.

여러분 중에 중3, 고3이 된 자녀를 두신 분이 있습니까? 어떤 부모들은 공부해야 한다고 교회에 안 보내는 사람이 있습니다. 대학에 붙으면 보내겠다고 합니다. 그 아이가 만일 하나님 없는 지식에 붙들려 있다면 훗날 여러분은 그 아이 때문에 눈물을 흘릴 것입니다. 국회에 있는 사람이 못나서 그렇게 싸우고 부정부패의 온상이 되었습니까? 여러분 자녀가 공부 잘한다고 우쭐해하지 마십시오. 그 아이가 세상적으로 잘 되는지는 몰라도 영혼은 멸망을 향해 달려가고 있는 것입니다.

"여호와를 경외하는 것이 지식의 근본이어늘"(잠 1:7)이라고 성경은 말하고 있습니다. 정말 지식이 많은 사람은 하나님을 경외할 줄 알아야 합니다. 하나님의 말씀을 듣지 않는 사람의 교만이 깨어져 자기의 지식을 믿는 것이 아니라 하나님의 말씀을 믿게 되면 그에게 구원의 역사가 일어납니다. 파스칼은 "우리 마음에는 세상이 채울 수 없는 공간이 있다. 그 공간은 주님이 오시기까지는 채워지지 않는다"라고 했습니다. 인간에게는 세상이 채울 수 없는 공간이 있습니다. 그것은 주님이 아니면 채울 수 없습니다.

정욕에 붙들려 있는 사람

"또 하나는 가로되 나는 장가들었으니 그러므로 가지 못하겠노라 하는지라"(눅 14:20).

하나님의 뜻 안에서 배우자를 선택하고 결혼하는 것은 축복일 것입니다. 그러나 하나님 없이 자기가 원하는 사람과 결혼하여 거기에 빠져 있는 자는 정욕에 붙들려 있는 사람입니다. 인간의 선한 욕망은 행복의 요건이 되지만, 하나님 없는 정욕은 죄악입니다. 그러므로 이런 자들은 전도하기 어렵습니다. 누구에게나 자기의 배우자나 자식이 귀하겠지만 그들이 하나님보다 앞선다면 그것은 우상입니다. 물론 가족들은 매우 귀중하지만 그들이 하나님과는 비교할 수 없다는 사실을 깨달을 때 전도될 수 있습니다.

"사람이 땅 위에 번성하기 시작할 때에 그들에게서 딸들이 나니 하나님의 아들들이 사람의 딸들의 아름다움을 보고 자기들의 좋아하는 모든 자로 아내를 삼는지라 여호와께서 가라사대 나의 신이 영원히 사람과 함께 하지 아니하리니 이는 그들이 육체가 됨이라…"(창 6:1-3).

"아비나 어미를 나보다 더 사랑하는 자는 내게 합당치 아니하고 아들이나 딸을 나보다 더 사랑하는 자도 내게 합당치 아니하고 또 자기 십자가를 지고 나를 좇지 않는 자도 내게 합당치 아니하니라"(마 10:37-38).

전도자는 이런 정욕에 붙들린 자를 구별하여 지금은 강권하지 말고 기도해야만 합니다.

강권의 대상은 누구인가?

"종이 돌아와 주인에게 그대로 고하니 이에 집 주인이 노하여 그 종에게 이르되 빨리 시내의 거리와 골목으로 나가서 가난한 자들과 병신들과 소경들과 저는 자들을 데려오라 하니라"(눅 14:21).

주님이 가르쳐 주는 강권의 대상은 누구입니까? 그들은 본문에서 말한 것처럼 가난한 자들과 병신들과 소경들과 저는 자들입니다. 하나님께서는 하나님 앞에서 자기의 부족을 깨달은 자들을 초청하라고 하셨습니다. 이들이 강권의 대상입니다.

우리가 전도를 못하는 이유는 우리 주변의 너무 잘나고 똑똑하고 훌륭한 사람을 전도하려고 하기 때문입니다. 그러나 주님은 사람의 외적 신분이 어떻든 간에 그 자신이 하나님 앞에 부족하고 병든 자임을 아는 자, 누구에게든지 도움이 필요하다는 것을 알고 있는 자를 초청하라고 하셨습니다. 주님은 건강한 자가 아니라 병든 자를 위하여 오셨기 때문입니다.

"예수께서 들으시고 이르시되 건강한 자에게는 의원이 쓸데없고 병든 자에게라야 쓸데있느니라 너희는 가서 내가 긍휼을 원하고 제사를 원치 아니하노라 하신 뜻이 무엇인지 배우라 내가 의인을 부르러 온 것이 아니요 죄인을 부르러 왔노라 하시니라"(마 9:12-13).

자기 자신이 똑똑하고 완전하다고 생각하는 사람은 예수 믿기가 힘듭니다. 그런 사람은 자신을 믿지 다른 어떤 것도 믿지 않기 때문입니다. 교회에 잡음이 많다고 비판하는 사람들이 있습니다. 그러나 교회는 교양을 쌓는 곳이 아닙니다. 교회는 병든 자를 건강하게 하는 영생의 병원입니다. 병원이기 때문에 잡음이 나고 시끄러운 것입니다. 일류병원일수록 환자가 와글와글하지 않습니까? 우리들은 교회에 대한 의식을 바꾸어야 합니다. 그리고 나가서 병든 영혼을 전도해야 합니다. 전도자는 자신이 하나님 앞에 부족한 것과 죄인인 것을 아는 자를 찾아서 강권해야만 합니다. 그래야 성공적인 전도가 실제로 이루어지게 되는 것입니다. 이것이 주님이 가르쳐 주시는 비밀입니다.

강권하는 데 숨겨진 뜻이 있다

인간은 자기 스스로 의지만 강하다면 나쁜 습관이나 생활 방식을 고칠 수 있습니다. 그러나 인간 스스로의 힘으로는 전혀 할 수 없는 일이 있습니다. 아무리 의지가 강한 사람이라 할지라도 스스로 하나님 앞에 나올 수는 없습니다. 즉 자기 영혼의 구원 문제는 자기 힘으로는 불가능하다는 것입니다. 스스로 교회에 등록했다고 말하는 사람이 있습니다. 그러나 그건 과거에 그 사람에게 복음의 씨가 뿌려졌기 때문입니다. 그 씨가 자라 지금 열매 맺는 것입니다. 누군가의 초청을 받고 강권에 의해서만 하나님께 나올 수 있습니다. 이것이 강권의 비밀입니다. 실제로는 교회에 나오고 싶지만 강권하는 사람이 없어서 나오지 못하는 사람도 많이 있다는 사실을 알아야 합니다. 그러므로 전도자는 때를 얻든지 못 얻든지 하나님 말씀을 증거해야 됩니다.

"너는 말씀을 전파하라 때를 얻든지 못 얻든지 항상 힘쓰라 범사에 오래 참음과 가르침으로 경책하며 경계하며 권하라"(딤후 4:2).

전도하는 사람이 받는 다섯 가지 축복

축복 하나/사랑의 능력을 받는다

"너희가 알 것은 죄인을 미혹한 길에서 돌아서게 하는 자가 그 영혼을 사망에서 구원하며 허다한 죄를 덮을 것이니라"(약 5:20).

사랑만이 죄를 덮을 수 있습니다. 전도하면 사랑의 능력을 받는데 사랑의 능력을 받으면 사막 같은 세상도 천국으로 바꿀 수 있습니다. 어떤 사람은 가난이 대문으로 오면 사랑은 창문으로 나간다는 소리를 합니다. 그러나 사랑의 능력은 하나님이 주신 것이므로 사랑을 소유할 때 어떤 환경도 이기게 됩니다.

축복 둘/아름다운 지위를 얻는다

"지혜 있는 자는 궁창의 빛과 같이 빛날 것이요 많은 사람을 옳은 데로 돌아오게 한 자는 별과 같이 영원토록 비취리라"(단 12:3).

전도자는 이 땅에서도 복을 받지만, 하늘에서 가장 아름다운 지위를 얻게 됩니다. 전도자는 이러한 사실을 확신하고 전도하는 일에 열심을 내야 합니다.

축복 셋/능력과 권세를 받는다

"예수께서 나아와 일러 가라사대 하늘과 땅의 모든 권세를 내게 주셨으니 그러므로 너희는 가서 모든 족속으로 제자를 삼아 아버지와 아들과 성령의 이름으로 세례를 주고 내가 너희에게 분부한 모든 것을 가르쳐 지키게 하라 볼지어다 내가 세상 끝 날까지 너희와 항상 함께 있으리라 하시니라"(마 28:18-20).

전도자는 주님이 함께하시기 때문에 세상을 이길 수 있는 능력과 권세를 받게 됩니다. 그러므로 이 세상에서 참 자유와 승리의 삶을 살 수 있습니다.

축복 넷/물질의 축복을 받는다

"나의 하나님이 그리스도 예수 안에서 영광 가운데 그 풍성한 대로 너희 모든 쓸 것을 채우시리라"(빌 4:19).

전도자는 전도 그 자체가 예수 안에서 하나님의 영광을 가장 잘 드러내는 것이기 때문에 하나님이 모든 물질적인 문제도 풍성하게 해결해 주심을 확신해야 합니다.

축복 다섯/기도응답을 받는다

"내가 천국 열쇠를 네게 주리니 네가 땅에서 무엇이든지 매면 하늘에서도 매일 것이요 네가 땅에서 무엇이든지 풀면 하늘에서도 풀리라 하시고"(마 16:19).

주님께서는 이 기도의 약속을 교회에 주셨기 때문에 우리가 실제로 전도할 때 우리 속에서 응답으로 체험되는 것입니다. 전도자는 이 기도의 응답의 약속을 확신해야 합니다.

마음을 톡톡 두드리는 핵심 요약

1. 어떤 교회가 영혼을 구원합니까?

- 잔칫집 같은 교회
- 모든 것이 준비된 교회

2. 지속적인 기도가 필요한 사람은 어떤 사람입니까?

- 물질적 욕망에 붙들린 사람
- 재주와 기술의 욕심에 붙들린 사람
- 정욕에 붙들려 있는 사람

3. 어떤 사람들을 전도해야 합니까?

- 전도대상자의 외적 신분이 어떻든 간에 그 자신이 하나님 앞에 부족하고 병든 자임을 아는 자, 누구에게든지 도움이 필요하다는 것을 알고 있는 자.

4. 전도자가 받는 다섯 가지 복은 무엇입니까?

- 사랑의 능력, 아름다운 지위, 능력과 권세, 물질의 축복, 기도 응답.

능력 있는 삶을 위한 조언

예수님과 같은 모습으로 살아가는 것이 제자의 삶이고 전도입니다. 교회의 관심은 성도가 늘고 큰 교회로 만들어야겠다는 것보다 예수님을 통해 성도들이 얼마나 변화되었냐에 초점을 맞추어야 합니다. 사람을 바꾸는 일을 계속하는 것이 교회인 것입니다. 이것이 제대로 되지 않으면 교회는 자생력을 잃고 힘이 없어집니다. 변화가 일어날 때 사랑이라든가 협력 같은 것이 저절로 되는 것입니다.

제 4 부
새신자와 함께 떠나는 8주 여행-전도의 완성

새신자 양육 프로그램

전도는
양육하는 데에서
완성됩니다.
예수께서
당신에게
부탁한 것을
가르쳐
지키게
하십시오.

목 차

제 1 주   하나님의 사랑을 알라(1)

제 2 주   하나님의 사랑을 알라(2)

제 3 주   예수 그리스도를 알라

제 4 주   구원의 확신을 가지라

제 5 주   성경말씀을 알라

제 6 주   기도를 배우라

제 7 주   교회에 대하여 알라

제 8 주   성도는 어떻게 살아야 할까?

해답

제1주

하나님의 사랑을 알라(1)

성경읽기: 창세기 1:27-28, 요한복음 3:16
핵심구절: "하나님의 사랑이 우리에게 이렇게 나타난 바 되었으니 하나님이 자기의 독생자를 세상에 보내심은 저로 말미암아 우리를 살리려 하심이니라"(요일 4:9).

하나님께서 인간을 하나님의 형상대로 창조하셨습니다. 그것은 하나님의 가장 큰 사랑의 역사였습니다. 그리고 하나님 보시기에 좋게 천지를 창조하시고 그 속에서 하나님과 교제하며 함께 행복하게 살기를 원하셨습니다. 그러나 인간이 하나님의 명령을 어기고 불순종하여 하나님을 떠남으로 타락하여 불행하게 된 것입니다.

그러나 하나님은 예수님을 이 세상에 보내시어 우리의 죄를 대속하시고 믿는 자를 구원하여 하나님의 형상을 회복시키시고 하나님의 생명을 얻게 하셨습니다. 그리하여 우리로 하여금 영원히 하나님과 교제하며 축복을 받게 하신 것입니다. 이것이 하나님의 최고 사랑의 표현입니다.

"하나님이 세상을 이처럼 사랑하사 독생자를 주셨으니 이는 저를 믿는 자마다 멸망치 않고 영생을 얻게 하려 하심이니라"(요 3:16).

이제 이 사실을 성경을 통하여 자세히 생각해 보겠습니다.

A. 하나님께서는 인간을 창조하셨습니다.

1. 어떤 존재로 창조되었습니까? (창 1:27)

2. 어디서 살도록 창조되었습니까? (창 2:7-8)

3. 어떻게 살도록 하셨습니까? (사 43:21, 요 17:18, 막 3:14)

   ㉠
   ㉡
   ㉢

B. 죄는 인간을 불행하게 하고 그 삶을 실패로 만들었습니다.

1. 첫 사람 아담이 지은 죄는 무엇입니까? (창 3:6, 창 2:17)

2. 한 사람의 죄는 인류에 어떤 영향을 끼쳤습니까? (롬 5:19)

3. 죄의 결과는 무엇입니까? (롬 6:23, 창 3:7-19)

제 2 주

하나님의 사랑을 알라(2)

성경읽기: 요한일서 4:7-13
핵심구절: "사랑은 여기 있으니 우리가 하나님을 사랑한 것이 아니요 오직 하나님이 우리를 사랑하사 우리 죄를 위하여 화목제로 그 아들을 보내셨음이라"(요일 4:10).

하나님께서 인간을 창조하시되, 하나님의 형상대로 창조하셨습니다. 그래서 하나님 안에서 살게 하시며, 하나님을 위하여 일하며, 행복하도록 복을 주셨습니다(사 43:21, 요 17:18, 막 3:14). 이것이 하나님의 사랑입니다.

"하나님이 자기 형상 곧 하나님의 형상대로 사람을 창조하시되 남자와 여자를 창조하시고 하나님이 그들에게 복을 주시며 그들에게 이르시되 생육하고 번성하여 땅에 충만하라, 땅을 정복하라, 바다의 고기와 공중의 새와 땅에 움직이는 모든 생물을 다스리라 하시니라"(창 1:27-28).

그러나 인간은 하나님께 불순종하고 범죄함으로 타락하여 죄의 종이 되었고, 저주받아 불행하게 되었습니다. 하나님은 저주받은 인간을 위하여 예수님을 보내시어 십자가의 보혈로 구원을 이루셨습니다.

"죄의 삯은 사망이요 하나님의 은사는 그리스도 예수 우리 주 안에 있는 영생이니라"(롬 6:23).

이것이 하나님 사랑의 극치입니다.
그 하나님의 사랑에 대하여 생각해 보겠습니다.

1. 하나님의 사랑은 우리에게 어떻게 나타났습니까? (요일 4:9)

2. 하나님의 사랑의 목적은 무엇입니까? (요일 4:9, 요 3:16)

　㉠
　㉡

3. 하나님이 이루신 사랑의 방법은 어떠합니까? (요일 4:10)

　㉠
　㉡

4. 하나님의 나에 대한 사랑의 증거와 체험은 어떻게 옵니까? (롬 5:8, 요일 4:12-13)

　㉠ 증거
　㉡ 체험

5. 구원받은 자(사랑받은 자)는 어떻게 살아야 합니까? (요일 4:11, 롬 14:8, 행 20:24)

㉠

㉡

㉢

제 3 주

예수 그리스도를 알라

성경읽기: 마태복음 1:18-23, 요한복음 20:28-31
핵심구절: "시몬 베드로가 대답하여 가로되 주는 그리스도시요 살아 계신 하나님의 아들이시니이다"(마 16:16). "예수께서 가라사대 내가 곧 길이요 진리요 생명이니 나로 말미암지 않고는 아버지께로 올 자가 없느니라"(요 14:6).

기독교는 예수님을 믿는 종교입니다. 그러므로 예수님을 어떻게 믿느냐에 따라 구원과 축복이 좌우됩니다. 만약 성경이 말하는 것과 다른 예수를 믿게 되면 구원이 없습니다.

"만일 누가 가서 우리의 전파하지 아니한 다른 예수를 전파하거나 혹 너희의 받지 아니한 다른 영을 받게 하거나 혹 너희의 받지 아니한 다른 복음을 받게 할 때에는 너희가 잘 용납하는구나"(고후 11:4).

"우리가 전에 말하였거니와 내가 지금 다시 말하노니 만일 누구든지 너희의 받은 것 외에 다른 복음을 전하면 저주를 받을지어다"(갈 1:9).

그러므로 우리가 바른 복음, 바른 예수를 알 때 구원이 옵니다.

1. 예수님은 어떻게 나셨습니까?

㉠_____ (마 1:18, 23)

ⓛ_____ (고후 5:21, 히 4:15)

2. 예수님은 어떤 분이십니까?

㉠ 베드로의 고백(마 16:16)

㉡ 도마의 고백(요 20:28)

㉢ 주님의 증언(요 10:30, 요 14:9)

3. 예수님은 어떤 일을 하셨습니까? (고전 15:3-6)

㉠
㉡
㉢
㉣

4. 주님은 지금 어디에 계십니까?

㉠_____(막 16:19, 행 7:56, 롬 8:34)
㉡_____ (요 14:18, 요 14:20)

제 4 주

구원의 확신을 가지라

성경읽기: 요한복음 20:30-31
핵심구절: "너희가 믿음에 있는가 너희 자신을 시험하고 너희 자신을 확증하라 예수 그리스도께서 너희 안에 계신 줄을 너희가 스스로 알지 못하느냐 그렇지 않으면 너희가 버리운 자니라"(고후 13:5).

인간의 삶에 있어서 꼭 필요한 것은 구원입니다. 구원은 죄와 저주인 사망에서 건져내는 것입니다. 인류는 죄를 지음으로 인해서 사망에 이르게 되었습니다.

"이러므로 한 사람으로 말미암아 죄가 세상에 들어오고 죄로 말미암아 사망이 왔나니 이와 같이 모든 사람이 죄를 지었으므로 사망이 모든 사람에게 이르렀느니라"(롬 5:12).

하나님께서는 인간을 불쌍히 여기시고 구원하시려고 예수 그리스도를 보내시어 십자가에서 구원을 이루시고 부활하시어 완성하셨습니다. 이 복음이 가장 중요한 기독교 진리입니다. 이를 믿고 받아들이면 구원받고 생명과 영생을 얻습니다.

"너희가 그 은혜를 인하여 믿음으로 말미암아 구원을 얻었나니 이것이 너희에게서 난 것이 아니요 하나님의 선물이라"(엡 2:8).

구원의 확신이 성공적 신앙 생활의 기초입니다.

A. 구원의 의미를 바로 알아야 합니다.

소극적 구원

ㄱ)_____ (마 1:21, 엡 1:7)
ㄴ)_____ (갈 6:14, 요 16:33)
ㄷ)_____ (요일 3:8, 요 12:31)

적극적 구원

ㄹ)_____ (요 11:25-26, 17:3, 20:31)
ㅁ)_____ (요 1:12, 롬 8:15)

B. 구원의 확신이 중요합니다.

1. 구원받은 자에 대하여 주님의 증언이 중요합니다(요 5:24).

ㄱ) 현재의 축복
ㄴ) 과거의 변화
ㄷ) 미래의 약속

2. 하나님의 자녀임을 증거해 주시는 분은 누구입니까? (롬 8:16)

3. 자신의 체험은 무엇입니까? (고후 13:5, 고후 5:17)

ㄱ)
ㄴ)

제 5 주

성경말씀을 알라

성경읽기: 디모데후서 3:14-17
핵심구절: "또 네가 어려서부터 성경을 알았나니 성경은 능히 너로 하여금 그리스도 예수 안에 있는 믿음으로 말미암아 구원에 이르는 지혜가 있게 하느니라"(딤후 3:15).

성도는 성경을 알아야 합니다. 성경은 우리에게 하나님을 만나게 해주며 예수님을 믿게 하여 죄와 사망에서 구원받게 해주며 영생을 얻게 해줍니다.

"오직 이것을 기록함은 너희로 예수께서 하나님의 아들 그리스도이심을 믿게 하려 함이요 또 너희로 믿고 그 이름을 힘입어 생명을 얻게 하려 함이니라"(요 20:31).

성경은 구약 39권과 신약 27권으로 이루어져 있으며, 약 1,500년간에 걸쳐 유럽, 아시아, 아프리카 등 다양한 지역에서 쓰여졌습니다. 또 왕에서부터 어부에 이르기까지 여러 부류의 사람 40여 명에 의하여 쓰여졌습니다. 그러나 놀라운 것은 이 성경이 예수님이 우리의 그리스도, 즉 구주라는 사실을 통일성을 갖고 증거하고 있다는 데 있습니다.

"너희가 성경에서 영생을 얻는 줄 생각하고 성경을 상고하거니와 이 성경이 곧 내게 대하여 증거하는 것이로다"(요 5:39).

이제 성경말씀에 대해 자세히 생각해 보겠습니다.

A. 성경은 하나님 말씀입니다.

1. 성경은 어떻게 쓰여졌는가? (딤후 3:16)

2. 성경의 기록목적은 무언인가? (딤후 3:15, 요 20:30-31)

3. 성경이 믿는 자를 어떻게 온전케 하는가? (딤후 3:16-17)

㉠
㉡
㉢
㉣

B. 성경은 어떻게 알 수 있는가?

㉠ _____ (롬 10:17, 살전 2:13, 느 8:9)
㉡ _____ (신 17:19, 느 8:8)
㉢ _____ (시 1:1-3, 수 1:8)
㉣ _____ (행 8:31)
㉤ _____ (요 7:17, 시 128:1)

C. 성경말씀의 상징을 배우라.

㉠ _____ (마 4:4, 벧전 2:2)
㉡ _____ (시 119:105)
㉢ _____ (렘 23:29)
㉣ _____ (약 1:23-24)
㉤ _____ (히 4:12)
㉥ _____ (엡 1:1)

제6주

기도를 배우라

성경읽기: 마태복음 6:5-13
핵심구절: "아무것도 염려하지 말고 오직 모든 일에 기도와 간구로 너희 구할 것을 감사함으로 하나님께 아뢰라 그리하면 모든 지각에 뛰어난 하나님의 평강이 그리스도 예수 안에서 너희 마음과 생각을 지키시리라"(빌 4:6-7).

신앙 생활에서 가장 중요한 사역은 기도입니다. 기도는 내가 하나님으로부터 구원받은 가장 확실한 근거입니다.

"너희가 아들인 고로 하나님이 그 아들의 영을 우리 마음 가운데 보내사 아바 아버지라 부르게 하셨느니라"(갈 4:6).

기도는 또 하나님과의 대화이며 교제입니다. 그래서 기도를 통하여 하나님의 뜻을 알게 되고, 나의 육신적인 사고가 버려지고 하나님과 인격적 관계를 맺게 됩니다.

"그리하면 모든 지각에 뛰어난 하나님의 평강이 그리스도 예수 안에서 너희 마음과 생각을 지키시리라"(빌 4:7).

또, 기도는 하나님께 은혜를 받게 합니다.

"그러므로 우리가 긍휼하심을 받고 때를 따라 돕는 은혜를 얻기 위하여 은혜의 보좌 앞에 담대히 나아갈 것이니라"(히 4:16).

기도할 때 성령을 받게 됩니다.

"너희가 악할지라도 좋은 것을 자식에게 줄 줄 알거든 하물며 너희 천부께서 구하는 자에게 성령을 주시지 않겠느냐 하시니라"(눅 11:13).

이제 기도에 대하여 생각해 보겠습니다.

1. 기도는 누가 하는가? (마 6:9)

2. 누구에게 기도하는가? (마 6:9)

3. 누구 이름으로 기도하는가? (요 14:13-14)

4. 어떻게 기도하는가?

㉠ _____ (마 6:6)
㉡ _____ (마 6:7)
㉢ _____ (요일 5:14)
㉣ _____ (눅 18:7-8)
㉤ _____ (빌 4:6)

5. 왜 기도해야 하는가?

ㄱ)_____(시 145:18)
ㄴ)_____(요 14:13)
ㄷ)_____(마 6:10)
ㄹ)_____(마 6:13)
ㅁ)_____(빌 4:7)

6. 기도에는 어떤 종류가 있는가? (빌 4:6)

ㄱ)
ㄴ)

제 7 주

교회에 대하여 알라

성경읽기: 에베소서 1:21-23, 행 20:28
핵심구절: "또 내가 네게 이르노니 너는 베드로라 내가 이 반석 위에 내 교회를 세우리니 음부의 권세가 이기지 못하리라"(마 16:18).

성도에게 있어서 교회는 중요합니다. 교회는 그리스도인의 가정 같은 곳입니다. 가정 생활을 잘해야 건강하고 행복한 삶을 살 수 있듯이 성도도 교회 생활을 잘해야 건강하고 복된 신앙 생활을 할 수 있습니다. 또 교회는 천국을 향한 훈련소 같은 곳입니다. 그곳에서 훈련을 잘 받아야 이 땅에서 승리의 삶을 살 수 있고, 천국에서 상급(면류관)이 있습니다.

"내가 선한 싸움을 싸우고 나의 달려갈 길을 마치고 믿음을 지켰으니 이제 후로는 나를 위하여 의의 면류관이 예비되었으므로 주 곧 의로우신 재판장이 그 날에 내게 주실 것이니 내게만 아니라 주의 나타나심을 사모하는 모든 자에게니라"(딤후 4:7-8).

교회는 건물이라기보다 예수를 믿는 회중을 말하며, 부족한 점도 있지만 서로 사랑하며 성장하며 보완하는 곳입니다. 또 교회는 주님의 몸입니다. 그러므로 성도는 교회를 떠나서는 하나님을 제대로 알 수 없으며 구원받은 삶을 살기 어렵습니다.

"교회는 그의 몸이니 만물 안에서 만물을 충만케 하시는 자의 충만이니라"(엡 1:23).

이제 바른 교회 생활을 생각해 보겠습니다.

1. 교회는 누가, 어떻게, 어디에 세웠습니까? (행 20:28, 마 16:18)

   ㉠ 누가:
   ㉡ 어떻게:
   ㉢ 어디에:

2. 교회와 그리스도의 관계는 무엇입니까? (골 1:18, 엡 5:23)

3. 교회에서 무엇을 하며, 언제 모입니까? (행 2:42, 46-47, 행 20:7)

   하는 일

   ㉠ _____
   ㉡ _____
   ㉢ _____
   ㉣ _____

   언제

4. 교회에서 성도들이 서로 행해야 할 일은 무엇입니까? (히10:24-25)

　㉠

　㉡

　㉢

5. 교회의 권세와 능력에 대하여 생각해 보십시오 (마16:18).

6. 영적 지도자에게 어떻게 해야 합니까? (히13:7, 17)

제8주

성도는 어떻게 살아야 할까?

성경읽기: 로마서 10:13-15
핵심구절: "너는 말씀을 전파하라 때를 얻든지 못 얻든지 항상 힘쓰라 범사에 오래 참음과 가르침으로 경책하며 경계하며 권하라"(딤후 4:2).

구원받은 사람, 즉 하나님의 자녀인 성도는 이 세상에서 어떻게 살아야 할까요? 이 질문은 가장 궁극적이고 근본적인 질문입니다.

"사람이 등불을 켜서 말 아래 두지 아니하고 등경 위에 두나니 이러므로 집안 모든 사람에게 비취느니라 이같이 너희 빛을 사람 앞에 비취게 하여 저희로 너희 착한 행실을 보고 하늘에 계신 너희 아버지께 영광을 돌리게 하라"(마 5:15-16).

복음을 전파하여 길 잃은 영혼을 하나님께 돌리는 삶이 하나님이 기뻐하시는 삶입니다. 이것이 하나님의 관심사이며, 하나님께 가장 큰 영광을 돌리는 삶이 됩니다.

"오직 성령이 너희에게 임하시면 너희가 권능을 받고 예루살렘과 온 유대와 사마리아와 땅 끝까지 이르러 내 증인이 되리라 하시니라"(행 1:8).

"인자의 온 것은 잃어버린 자를 찾아 구원하려 함이니라"(눅 19:10).

이제 성도의 가장 중요한 삶인 증인의 삶, 복음전파와 간증의 삶에 대하여 생각해 보겠습니다.

1. 전도는 왜 하는 것입니까?

ㄱ) _____ (마 28:20, 눅 24:47-49, 요 20:21)
ㄴ) _____ (전 3:21)
ㄷ) _____ (눅 16:28)
ㄹ) _____ (롬 1:14-15)
ㅁ) _____ (겔 33:2-4)

2. 전도는 어떻게 하는 것입니까?

ㄱ) _____ (골 4:2-3)
ㄴ) _____ (롬 10:14-15)
ㄷ) _____ (요 1:39)
ㄹ) _____ (요 1:41-42)
ㅁ) _____ (마 5:16)

3. 전도하는 자의 축복은 무엇입니까?

ㄱ) _____ (마 28:20)
ㄴ) _____ (약 5:20, 벧전 4:8)
ㄷ) _____ (마 10:1, 7-8)
ㄹ) _____ (단 12:3)
ㅁ) _____ (빌 4:19)

해 답

제1주 하나님의 사랑을 알라(1)

A. 하나님께서는 인간을 창조하셨습니다.

1. 어떤 존재로 창조되었습니까? (창1:27)

답) 하나님의 형상대로(하나님은 인간의 삶의 기준이 되시며, 인간은 하나님을 떠나서는 살 수 없는 존재이다.)

2. 어디서 살도록 창조되었습니까? (창2:7-8)

답) 에덴 동산
- 하나님이 통치하시는 곳을 벗어나면 가시나무와 엉겅퀴가 나는 땅에서 수고해야 한다. 인간의 가장 큰 인격적 고통은 '부끄러움'이다. 하나님의 지배를 받을 때 부끄러움이 없는 삶을 살 수 있다.

3. 어떻게 살도록 하셨습니까? (사43:21, 요17:18, 막3:14)

㉠ 찬송을 부르게(하나님의 영광을 위해 살게 하심)
㉡ 저희를 세상에 보냄(하나님을 대신하여 행하도록)—사탄을 멸하는 것
㉢ 전도하게 하심(기도를 통해 하나님과 교제하도록)—하나님 사랑이 있는 자만 전도함

B. 죄는 인간을 불행하게 하고 그 삶을 실패로 만들었습니다.

1. 첫 사람 아담이 지은 죄는 무엇입니까? (창 3:6, 창 2:17)

답) 선악과를 따먹음(불순종. 스스로 하나님처럼 되기 위한 사탄의 성품)

2. 한 사람의 죄는 인류에 어떤 영향을 끼쳤습니까? (롬 5:19)

답) 많은 사람이 죄인이 됨(죄를 지어서 죄인이 아니라 죄인으로 태어나서 죄인이다).

3. 죄의 결과는 무엇입니까? (롬 6:23, 창 3:7-19)

답) 사망
- 하나님의 원수가 됨(골 1:21), 진노가 임함(요 3:36), 심판을 받음(요 3:18), 죽게 됨(롬 6:23), 영원한 불(지옥)에 들어감(마 25:46)

제 2주 하나님의 사랑을 알라(2)

1. 하나님의 사랑은 우리에게 어떻게 나타났습니까? (요일 4:9)

답) 하나님의 사랑은 자신의 독생자를 보내심으로 극대화되었다.

> 1) 하나님의 사랑은 인간의 삶의 원동력이 되었다.
>   ㉠ 육적인 사랑(남, 녀) — 변질되면 짐승 같은 사랑
>   ㉡ 친구의 사랑(이웃) — 변질되면 파당이 됨
>   ㉢ 혈육적인 사랑(부모, 형제) — 변질되면 독선적 사랑으로 전락
> 2) 하나님의 사랑은 사랑의 뿌리이다.
>   아가페의 사랑: 하나님으로부터 공급. '그럼에도 불구하고'의 사랑.

2. 하나님의 사랑의 목적은 무엇입니까? (요일 4:9, 요 3:16)

㉠ 우리를 살리심
㉡ 영생을 얻어 천국 가게 하심

3. 하나님이 이루신 사랑의 방법은 어떠합니까? (요일 4:10)

㉠ 하나님이 먼저 우리를 사랑하심(먼저 하는 사랑)
㉡ 화목제로 그 아들을 보내 우리의 인생을 영원히 책임지심(갚아주는 사랑)

4. 하나님의 나에 대한 사랑의 증거와 체험은 어떻게 옵니까? (롬 5:8, 요일 4:12-13)

㉠ 증거: 객관적 증거- 나의 행위와 관계없이 그리스도께서 우리를 위해 죽으심
   주관적 증거- 내가 하나님께 순종하고 있다는 것

ⓒ 체험: 우리가 서로 사랑하게 됨(사랑할 때 체험)
　　　　그의 성령을 우리에게 주심(성령 안에서)

5. 구원받은 자(사랑받은 자)는 어떻게 살아야 합니까? (요일 4:11, 롬 14:8, 행 20:24)

㉠ 서로 사랑하며 살아야 한다.
ⓒ 살아도, 죽어도 주님을 위해 살아야 한다.
㉢ 사랑의 복음을 증거해서 남을 구원하는 일에 힘써야 한다.

제 3 주 예수 그리스도를 알라

1. 예수님은 어떻게 나셨습니까?

㉠ 처녀에게서 태어남(인성을 가짐), 성령으로 잉태됨
㉡ 죄 없는 자이심(인성으로 오셨으나 죄가 없으심)

2. 예수님은 어떤 분이십니까?

㉠ 베드로의 고백
 주는 그리스도시요 살아계신 하나님의 아들(하나님이 깨닫게 하심)
㉡ 도마의 고백
 나의 주시며 나의 하나님(신성을 강조함)
㉢ 주님의 증언
 나와 아버지는 하나: 예수의 정체성(신성을 나타냄)

3. 예수님은 어떤 일을 하셨습니까? (고전 15:3-6)

㉠ 우리의 죄를 위해 죽으심
㉡ 장사되심(과거, 현재, 미래의 죄까지 모두 묻어버림)
㉢ 사흘만에 다시 살아나심(부활, 새 사람으로 다시 태어남)
㉣ 오백여 형제에게 일시에 보이심(믿는 자에게 체험케 하심)

4. 주님은 지금 어디에 계십니까?

㉠ 하나님 우편에 계심(몸을 가지신 주님-인자)
 우리의 기도를 들어주심 — 하나님과 나 사이에서 중보하심
㉡ 내 안에 영으로 오신 주님
 나를 인도하심

제 4 주 구원의 확신을 가지라

A. 구원의 의미를 바로 알아야 합니다.

소극적 구원
㉠ 죄에서 구원/구속사(객관적 구원)
㉡ 세상에서의 구원(세상은 죄를 짓게 하는 무대)
㉢ 마귀로부터의 자유/심판

적극적 구원
㉣ 천국 생명을 얻음(사망으로부터 자유)
㉤ 하나님의 자녀가 되는 권세(하나님의 상속권-종으로부터 자유)

B. 구원의 확신이 중요합니다.

1. 구원받은 자에 대하여 주님의 증언이 중요합니다(요 5:24).

㉠ 현재의 축복: 영생을 얻음(천국에 대한 확신)
㉡ 과거의 변화: 사망에서 생명으로(저주→축복)
㉢ 미래의 약속: 심판에 이르지 않음(천국의 상급이 있다)

2. 하나님의 자녀임을 증거해 주시는 분은 누구입니까? (롬 8:16)

답) 성령(자녀의 증거-기도응답)

3. 자신의 체험은 무엇입니까? (고후 13:5, 고후 5:17)

㉠ 그리스도가 내 안에 계심(나를 인도하심, 잘못한 것에 대해 회개하게 하심)
㉡ 새로운 피조물로 거듭남

■ 구원은 죄(죄의 결과, 죄의 성향, 죄의 세력)에서 벗어나는 것입니다.

제 5 주 성경말씀을 알라

A. 성경은 하나님 말씀입니다.

1. 성경은 어떻게 쓰여졌는가? (딤후 3:16)

답) 하나님의 감동으로(40명 개인에게 성령이 임함 — 통일성이 있음)

B. 성경의 기록목적은 무언인가? (딤후 3:15, 요 20:30-31)

과정-예수 안에 있는 믿음으로
목적-구원을 얻게 하기 위함(구원받고 생명을 얻게 함)

3. 성경이 믿는 자를 어떻게 온전케 하는가? (딤후 3:16-17)

㉠ 교훈(삶의 지표)
㉡ 책망(잘못된 것을 책망→회개: 발전이 온다)
㉢ 바르게 함(세상에서 살아가는 길: 양심을 작동시킴)
㉣ 의로 교육(영원한 세계에서 살 수 있도록 하나님이 인정하는 길을 알려줌)

■ 성경은 믿는 자를 하나님의 사람으로(존재: 천국 신분) 선한 일을 행하기에 (사역: 축복) 부족함이 없도록 온전케 합니다.

B. 성경은 어떻게 알 수 있는가?

㉠ 말씀을 들음(하나님이 말씀하신 것처럼 들으라)
㉡ 옆에 두고 읽음, 하나님을 경외하는 법을 배움(읽고 지키라)
㉢ 묵상(말씀을 내 생각과 마음속에 담아둠-행할 수 있는 능력이 나온다)

② 지도하는 자가 필요(배울 때 깨닫게 된다 — 순종하기 위해 배우라)
　　⑩ 하나님의 뜻을 행함(행하려고 할 때 하나님의 뜻을 알 수 있다)

C. 성경말씀의 상징을 배우라.

㉠ 영의 양식
㉡ 등불(어둠에 빠졌을 때 길을 비춰줌)
㉢ 불(죄가 태워짐), 방망이(자아를 깨뜨림)
㉣ 자신을 보게 함(거울)
㉤ 날 선 검(결단하게 함, 관습이 끊어지게 함)
㉥ 사랑의 편지

제 6 주 기도를 배우라

1. 기도는 누가하는가? (마6:9)

답) 하나님을 아버지라 부를 수 있는 자(하나님의 자녀)

2. 누구에게 기도하는가? (마6:9)

답) 하늘에 계신 우리 아버지께(모든 믿는 자의 아버지)

3. 누구 이름으로 기도하는가? (요14:13-14)

답) 예수 이름(하나님과 나의 단절을 주님이 해결하심—대속의 의미)

4. 어떻게 기도하는가?

㉠ 골방기도(하나님과 일대일 기도, 통성기도—타인을 의식하지 않음)
㉡ 중언부언하지 말라(말로써 하나님을 설득하지 말고 내가 하나님께 설복 당하기 위해 하라)
㉢ 하나님의 뜻대로 구하라(내가 원하는 대로 기도하면서 하나님의 뜻을 찾아가라)
㉣ 부르짖어 기도하라(인격적으로 매달리라—과부의 간구처럼)
㉤ 염려하지 말고 모든 일에 기도와 간구로 감사하며 구하라

5. 왜 기도해야 하는가?

㉠ 하나님과 가까이 하기 위해
㉡ 예수로 인해 하나님께서 영광을 받으시게 하려고(나를 통해 하나님이 나타나 그분께

영광을 돌림)
ⓒ 하나님의 뜻이 땅에서 이루어지기 위함
ⓔ 시험에 들지 않고 능력받기 위해
ⓜ 하나님의 평강이 우리의 마음과 생각을 지키게 하기 위해

6. 기도에는 어떤 종류가 있는가? (빌 4:6)

㉠ 기도(하나님과의 교제, 대화, 임재)
㉡ 간구(매어달림, 필요할 때 구하는 것)

■ 기도와 간구는 목적이 다르다.

제 7 주 교회에 대하여 알라

1. 교회는 누가, 어떻게, 어디에 세웠습니까? (행 20:28, 마 16:18)

 ㉠ 하나님이(교회의 주인)
 ㉡ 자기의 피로(주의 보혈): 대속(주님의 희생)
 ㉢ 반석 위에: 베드로가 고백한 신앙(주는 그리스도시요 살아계신 하나님의 아들이시다)

2. 교회와 그리스도의 관계는 무엇입니까? (골 1:18, 엡 5:23)

답) 교회는 그리스도의 몸이며 그리스도는 교회의 머리. 몸은 머리에 순종하고 영광도 몸과 머리가 함께 받는다.

3. 교회에서 무엇을 하며, 언제 모입니까? (행 2:42, 46-47, 행 20:7)

하는 일
  ㉠ 가르침을 받음
  ㉡ 교제(영육의 교제)
  ㉢ 떡을 뗌(성례식)
  ㉣ 기도
언제
  안식 후 첫날(주일예배)

4. 교회에서 성도들이 서로 행해야 할 일은 무엇입니까? (히 10:24-25)

 ㉠ 봉사(사랑과 선행을 격려), 구제
 ㉡ 모이기를 힘쓰라

ⓒ 증거, 전도(주님의 재림을 준비케 함)

5. 교회의 권세와 능력에 대하여 생각해 보닙시오 (마16:18).

답) 음부의 권세를 이김(세상을 다스림, 마귀를 지배)

6. 영적 지도자에게 어떻게 해야합니까? (히13:7, 17)

답) 순종하고 복종하라(주의 종을 좇아가라)
　　하나님의 일을 즐거움으로 하라(도움이 되라, 돕는 자가 되라)
　　지도자의 믿음을 본받으라

제 8 주 성도는 어떻게 살아야 할까?

1. 전도는 왜 하는 것입니까?

㉠ 하나님의 명령(지상명령)이므로, 우리는 복음의 증인이므로
㉡ 영혼 구원은 스스로 할 수 없다(누군가가 전해야 한다)
㉢ 지옥에 가지 않게 하기 위해
㉣ 빚진 자이므로
㉤ 파수꾼의 임무

2. 전도는 어떻게 하는 것입니까?

㉠ 먼저 기도해야 한다(인간의 힘으로 되지 않으므로)
㉡ 가서 전해야 한다(발을 움직이라)
㉢ '와 보라'고 권한다
㉣ 복음을 전하고 교회로 데려온다
㉤ 착한 행실로 빛을 비춘다(생활의 모범이 되어야 한다)

3. 전도하는 자의 축복은 무엇입니까?

㉠ 하나님이 항상 함께하심(하나님의 관심을 받는다, 천하를 주심, 전폭적인 지지)
㉡ 사랑의 은사(죄를 덮음)-나도 살고 남도 살림
㉢ 권능을 주심(저주가 끊어짐)
㉣ 천국의 상급을 주심(하늘의 별처럼 빛이 남)
㉤ 물질의 축복(풍성히 채워주심)

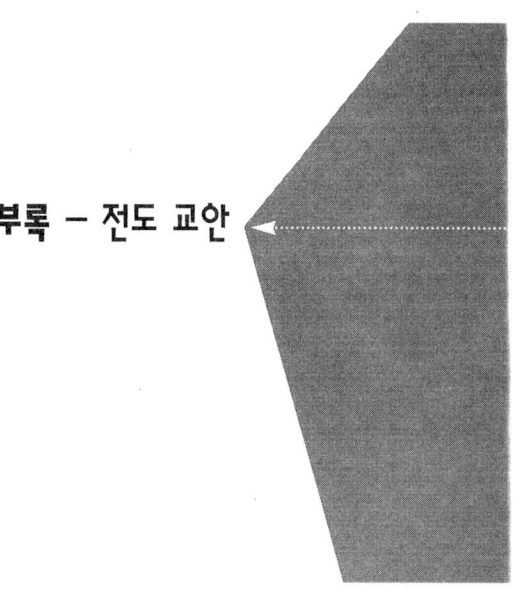

부록 — 전도 교안

전도 교안

제 1 단계
하나님은 당신을 위한 놀라운 계획을 갖고 계십니다.

1) 하나님은 당신을 사랑하시기에 구원하여 풍성한 삶을 살기 원하십니다.

"하나님이 자기 형상 곧 하나님의 형상대로 사람을 창조하시되 남자와 여자를 창조하시고"(창 1:27).

"너희를 불러 그의 아들 예수 그리스도 우리 주로 더불어 교제케 하시는 하나님은 미쁘시도다"(고전 1:9).

2) 하나님은 우리 사람을 자기 형상대로 창조하여 교제하도록 하셨으며, 교제 속에서 풍성한 삶을 살도록 하셨습니다.

"도적이 오는 것은 도적질하고 죽이고 멸망시키려는 것뿐이요 내가 온 것은 양으로 생명을 얻게 하고 더 풍성히 얻게 하려는 것이라"(요 10:10).

"평안을 너희에게 끼치노니 곧 나의 평안을 너희에게 주노라 내가 너희에게 주는 것은 세상이 주는 것 같지 아니하니라 너희는 마음에 근심도 말고 두려워하지도 말라"(요 14:27).

제 2 단계
인간의 죄 때문에 하나님과 단절되어 있습니다.

1) 인간은 마음속에 하나님이 없을 뿐 아니라 하나님 두기를 싫어하고 하나님을 떠나서 살기 때문에 하나님과 교제가 끊어지게 된 것입니다.

"또한 저희가 마음에 하나님 두기를 싫어하매 하나님께서 저희를 그 상실한 마음대로 내어 버려 두사 합당치 못한 일을 하게 하셨으니"(롬 1:28).

2) 하나님과 교제가 단절된 인간은 풍성함과 생명, 평안이 없습니다.

"모든 사람이 죄를 범하였으매 하나님의 영광에 이르지 못하더니"(롬 3:23).

3) 하나님과 단절된 인간을 죄인이라고 하며, 죄인은 죽음과 불안, 허무에 빠지며 결국은 심판을 받아 영원한 형벌인 지옥에 떨어지게 됩니다.

"한 번 죽는 것은 사람에게 정하신 것이요 그 후에는 심판이 있으리니"

(히 9:27).

"그러나 두려워하는 자들과 믿지 아니하는 자들과 흉악한 자들과 살인자들과 행음자들과 술객들과 우상 숭배자들과 모든 거짓말하는 자들은 불과 유황으로 타는 못에 참여하리니 이것이 둘째 사망이라"(계 21:8).

제 3 단계
사람의 노력과 힘으로는 절대로 죄를 해결할 수 없습니다.

1) 사람들은 죄의 문제를 해결하기 위하여 돈, 철학, 쾌락, 종교, 선행 등을 하며 노력해왔습니다.

2) 그러나 어느 것도 죄의 문제를 해결할 수 없었으며, 하나님과의 교제를 통한 풍성한 삶을 누리지 못했습니다.

"누가 철학과 헛된 속임수로 너희를 노략할까 주의하라 이것이 사람의 유전과 세상의 초등 학문을 좇음이요 그리스도를 좇음이 아니니라"(골 2:8).

"어떤 길은 사람의 보기에 바르나 필경은 사망의 길이니라"(잠 14:12).

"다른 이로서는 구원을 얻을 수 없나니 천하 인간에 구원을 얻을 만한 다른 이름을 우리에게 주신 일이 없음이니라 하였더라"(행 4:12).

제 4 단계

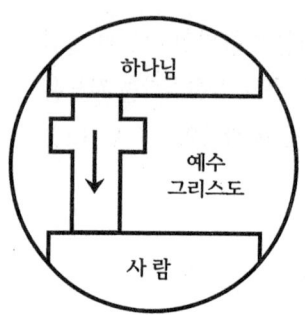

인간의 죄의 해결책은 오직 예수 그리스도이십니다.

1) 예수님은 우리의 죄를 해결하실 수 있는 유일한 분이며, 하나님께서 우리가 받아야 할 죄의 형벌을 그로 대신 받게 하셨습니다.

"그리스도께서도 한 번 죄를 위하여 죽으사 의인으로서 불의한 자를 대신하셨으니 이는 우리를 하나님 앞으로 인도하려 하심이라 육체로는 죽임을 당하시고 영으로는 살리심을 받으셨으니"(벧전 3:18).

2) 이와 같이 예수 그리스도께서 먼저 오셔서 우리의 죄를 담당하시고 죽으셨다가 부활하심으로 우리에게 영원한 생명과 평안을 주셨고 풍성함을 회복시키신 것입니다.

"우리가 보고 들은 바를 너희에게도 전함은 너희로 우리와 사귐이 있게 하려 함이니 우리의 사귐은 아버지와 그 아들 예수 그리스도와 함께 함이라 우리가 이것을 씀은 우리의 기쁨이 충만케 하려 함이로라"(요일 1:3-4).

제 5 단계
이제 주님을 당신 자신이 영접해야 합니다.

1) 십자가에서 우리를 위하여 돌아가신 대속의 주님과 당신과 관계가 있으려면 지금 주님을 개인의 주님으로 영접해야 합니다. 주님은 지금 하나님 보좌 우편에 계시며 우리에게 영으로 와 계십니다.

"주 예수께서 말씀을 마치신 후에 하늘로 올리우사 하나님 우편에 앉으시니라"(막 16:19).

"주는 영이시니 주의 영이 계신 곳에는 자유함이 있느니라"(고후 3:17).

2) 그러나 이 때 반드시 회개하고 주님을 영접해야 합니다.

"저희가 이 말을 듣고 마음에 찔려 베드로와 다른 사도들에게 물어 가로되 형제들아 우리가 어찌할꼬 하거늘 베드로가 가로되 너희가 회개하여 각각 예수 그리스도의 이름으로 세례를 받고 죄 사함을 얻으라 그리하면 성령을 선물로 받으리니"(행 2:37-38).

"영접하는 자 곧 그 이름을 믿는 자들에게는 하나님의 자녀가 되는 권세를 주셨으니"(요 1:12).

3) 그리고 다음과 같은 기도를 해야 합니다.

"주 예수님, 저는 죄인입니다. 주님께서 저의 죄 때문에 돌아가시고 부활하신 것을 믿습니다. 이제 죄에서 돌이키시고 예수님을 저의 구세주와 주인으로 제 마음에 모십니다. 이제 저를 지금부터 영원까지 인도하여 주시옵소서. 앞으로 주님의 뜻대로 살게 하여 주옵소서. 예수님 이름으로 기도합니다. 아멘."

제 6 단계
주님이 당신 마음속에 와 계심을 확신하십시오.

"너희가 하나님의 성전인 것과 하나님의 성령이 너희 안에 거하시는 것을 알지 못하느뇨 누구든지 하나님의 성전을 더럽히면 하나님이 그 사람을 멸하시리라 하나님의 성전은 거룩하니 너희도 그러하니라"(고전 3:16-17).

이제 당신은 아무도 빼앗을 수 없는 생명을 소유한 것입니다.

"내가 저희에게 영생을 주노니 영원히 멸망치 아니할 터이요 또 저희를 내 손에서 빼앗을 자가 없느니라"(요 10:28).

이제 꼭 할 일이 있습니다.

1) 성경을 주기적으로 읽어야 합니다(벧전 2:2).
2) 기도해야 합니다(요 16:24).
3) 교회에 출석하여 다른 성도들과 교제해야 합니다(행 2:42-46).
4) 간증, 전도해야 합니다(행 1:8, 딤후 4:2)
5) 봉사해야 합니다(갈 6:9-10).

전도 업그레이드

■ **제 1 단계** 하나님은 당신을 위한 놀라운 계획을 갖고 계십니다.

1) 하나님은 당신을 사랑하시기에 구원하여 당신이 풍성한 삶을 살기 원하십니다.
   → 하나님은 만물을 창조하신 분이시므로 우리와의 교제를 통해 풍성한 삶을 누리게 하신다(풍성한 삶이란? - 생명이 바뀌므로 기쁨과 감사를 누리는 삶).

－그런데 왜 이런 삶을 살 수 없는가?

■ **제 2 단계** 인간의 죄 때문에 하나님과 단절되어 있습니다.

죄란?
㉠ 마음에 하나님 두기를 싫어함
㉡ 교제가 단절됨
㉢ 죽음, 불안, 허무

－그러면 어떻게 죄를 해결하는가?

■ **제 3 단계** 사람의 노력과 힘으로는 절대로 죄를 해결할 수 없습니다.

－그러나 해결책은 있습니다.

■ 제 4 단계 인간의 죄의 해결책은 오직 예수 그리스도이십니다.

1) 예수님은 우리의 죄를 해결하실 수 있는 유일한 분이며, 하나님께서 우리가 받아야 할 죄의 형벌을 그로 대신 받게 하셨습니다.
2) 이와 같이 예수 그리스도께서 먼저 오셔서 우리의 죄를 감당하시고 죽으셨다가 부활하심으로 우리에게 영원한 생명과 평안을 주셨고 풍성함을 회복하게 하신 것입니다.

■ 제 5 단계 이제 주님을 당신 자신이 영접해야 합니다.

1) 주님을 영접하기 위해 먼저 회개해야 합니다. 회개하고 주님을 영접하면 구원을 얻고 주님과 교제할 수 있습니다.
2) 주님이 내 마음에 오시면 주인이 바뀌게 됩니다(나에서 주님으로). 그리고 생명이 바뀌고 평안을 얻으며 풍성한 삶을 누리게 됩니다.
3) 그리고 영접기도를 합니다.

■제 6 단계 주님이 당신 마음속에 와 계심을 확신하십시오.

-이제 꼭 할 일이 있습니다.

1) 성경을 주기적으로 읽어야 합니다 - 읽고 주님의 음성에 귀 기울이십시오.
2) 기도해야 합니다 - 영원한 세계가 보입니다(영혼의 운동).
3) 교회에 출석하여 다른 성도들과 교제해야 합니다 - 믿음이 있는 자와 교제
4) 간증, 전도해야 합니다.
5) 봉사해야 합니다.

전도학 교수 민경설 목사의
전도동력 리포트

1999년 8월 16일 초판 발행
1999년 9월 10일 4쇄 발행

지은이 • 민경설
발행인 • 이형자
발행처 • 도서출판 횃불
등록일 • 1992년 6월 10일 제21-355호
등록주소 • 서울시 서초구 양재동 55번지 횃불선교센타
전화 • (02)570-7233~4 / 팩스 • (02)570-7239

총판 • 생명의샘
전화 • (02)419-1451/팩스: (02)419-1452
주소 • 서울시 송파구 삼전동 65번지

ⓒ 민경설　　　　　　　　　　값 8,500원